Comment résoudre nos problèmes humains

Ordre de lecture ou d'étude suggéré des livres de Vénérable Guéshé Kelsang Gyatso Rinpotché :

Comment Transformer votre vie

Comment Comprendre l'esprit

La Voie joyeuse

Le Nouveau Cœur de la sagesse

Un Bouddhisme moderne

Les Terres et Les Voies tantriques

Le Nouveau Guide du Pays des Dakinis

L'Essence du vajrayana

Les Instructions orales du mahamoudra

Grand Trésor de mérite

Huit Étapes vers le bonheur

Introduction au bouddhisme

Comment résoudre nos problèmes humains

Trésor de contemplation

Le Vœu du bodhissattva

La Compassion universelle

Le Nouveau Manuel de méditation

Vivre une vie pleine de sens, mourir dans la joie

Océan de nectar

Le Joyau du cœur

Claire Lumière de félicité

Le Mahamoudra du tantra

Ce livre est édité sous les auspices du Projet International de Temples de la NTK-UIBK et les bénéfices de ses ventes sont dédiés au bien commun grâce à ce fond.
[N° d'enregistrement au Royaume-Uni en tant qu'association caritative (Charity) : 1015054]
En savoir plus :
www.tharpa.com/fr/des-bienfaits-pour-tous-creer-un-monde-en-paix

VÉNÉRABLE GUÉSHÉ KELSANG GYATSO RINPOTCHÉ

Comment résoudre nos problèmes humains

LES QUATRES NOBLES VÉRITÉS

ÉDITIONS THARPA
France – Canada

Première édition publiée en 2005 sous le titre :
Comment résoudre nos problèmes quotidiens
Deuxième édition : 2009
Troisième édition publiée en 2012 sous le titre :
Comment résoudre nos problèmes humains
Quatrième édition : 2017
Traduit de l'édition anglaise : *How to solve our human problems*, 2003

Tharpa Publications
Conishead Priory
Ulverston, Cumbria
LA12 9QQ, Angleterre

Éditions Tharpa France
Château de Segrais
72220 Saint-Mars-d'Outillé
France

Éditions Tharpa Québec
835 Laurier Est,
Montréal, Québec
H2J 1G2

Les Éditions Tharpa ont des annexes dans divers pays et les livres des Éditions Tharpa sont publiés dans la plupart des langues.
Pour consulter les adresses de ces annexes, voir page 171.

Photo de couverture : www.istockphoto.com

ISBN 979-10-90820-66-1 (Couverture brochée)
ISBN 979-10-90820-23-4 (Format électronique .epub)
ISBN 979-10-90820-24-1 (Format électronique .pdf)

Table des matières

Illustrations

Introduction

Les instructions données dans ce livre sont des méthodes pour améliorer notre nature humaine et nos qualités en développant la capacité de notre esprit. Ces dernières années, nos connaissances dans le domaine de la technologie moderne se sont considérablement améliorées et nous sommes en résultat les témoins d'un remarquable progrès matériel. Toutefois, il n'y a pas eu d'amélioration correspondante du bonheur humain. Dans le monde d'aujourd'hui, il n'y a ni moins de souffrances, ni moins de problèmes. Au contraire, on pourrait même dire qu'il y a davantage de problèmes et de plus grands dangers aujourd'hui que jamais auparavant. Cela montre que la cause du bonheur et la solution à nos problèmes ne se trouvent pas dans la connaissance des choses matérielles. Bonheur et souffrance sont des états d'esprit et, de ce fait, leurs causes principales ne se trouvent pas en dehors de l'esprit. Si nous voulons être vraiment heureux et libérés de la souffrance, nous devons apprendre à contrôler notre esprit.

Quand les choses vont mal dans notre vie et que nous nous trouvons dans des situations difficiles, nous avons tendance à considérer que la situation elle-même est notre problème. En réalité, tous les problèmes que nous connaissons proviennent du côté de l'esprit. Les situations difficiles ne seraient pas un problème pour nous si nous y répondions avec un esprit positif ou paisible ; en fait, nous pourrions même les considérer comme des défis ou des occasions pour grandir et pour progresser. Les problèmes ne surviennent que si nous répondons aux difficultés avec un état d'esprit négatif. Par conséquent, si nous voulons être libérés de tout problème, nous devons transformer notre esprit.

Bouddha a enseigné que l'esprit a le pouvoir de créer tous les objets agréables et désagréables. Le monde est le résultat du karma, ou actions, des êtres qui l'habitent. Un monde pur est le résultat d'actions pures et un monde impur est le résultat d'actions impures. Puisque toutes les actions sont créées par l'esprit, de façon ultime, tout, y compris le monde lui-même, est créé par l'esprit. Il n'y a pas de créateur autre que l'esprit.

Habituellement nous disons « J'ai créé ceci et cela » ou bien « Il, ou elle, a créé ceci ou cela », mais l'esprit est le véritable créateur de tout. Nous sommes comme serviteur de notre esprit ; quand il veut faire quelque chose, nous sommes obligés de le faire sans aucun choix. Depuis des temps sans commencement jusqu'à maintenant, nous avons été sous le contrôle de notre esprit, sans aucune liberté. Mais si nous pratiquons sincèrement les instructions données dans ce livre, nous pouvons inverser cette situation et parvenir à contrôler notre esprit. C'est à ce moment-là seulement que nous jouirons d'une véritable liberté.

En étudiant un grand nombre de textes bouddhistes, nous pouvons peut-être devenir un érudit célèbre ; mais si nous ne mettons pas les enseignements de Bouddha en pratique, notre compréhension du bouddhisme restera creuse et n'aura pas le pouvoir de résoudre nos problèmes, ni ceux des autres. Espérer que notre compréhension intellectuelle des textes bouddhistes puisse à elle seule résoudre nos problèmes, c'est comme un malade qui espère guérir en lisant seulement les instructions du médecin sans prendre effectivement le remède. Le maître bouddhiste Shantidéva dit :

> Nous avons besoin de mettre les enseignements de
> Bouddha – le dharma – en pratique,
> Car rien ne peut être accompli juste en lisant des mots.
> Un malade ne guérira jamais
> Simplement en lisant des instructions médicales !

Chaque être vivant sans exception a le désir sincère d'éviter toute souffrance et tout problème de façon définitive. Habituellement, nous essayons de faire cela en employant des méthodes extérieures. Pourtant, quelle que soit notre réussite dans les choses de cette vie, quel que soit le degré de richesse matérielle, de pouvoir ou de réputation que nous pouvons atteindre, nous ne trouverons jamais la libération définitive de la souffrance et des problèmes. En réalité, tous les problèmes que nous connaissons au quotidien proviennent de notre préoccupation de soi et de notre saisie d'un soi, deux mauvaises conceptions qui exagèrent notre propre importance. Mais ne comprenant pas cela, nous avons l'habitude de tenir les autres pour responsables de nos problèmes, ce qui ne fait que les empirer. Toutes les autres perturbations mentales, la colère et l'attachement par exemple, naissent de ces deux mauvaises conceptions fondamentales et nous font connaître des problèmes sans fin.

Je prie afin que toute personne lisant ce livre puisse connaître la paix intérieure et accomplir le véritable sens de la vie humaine.

Guéshé Kelsang Gyatso,
États-Unis, avril 2004.

PREMIÈRE PARTIE

Les nobles vérités

La précieuse ombrelle :
Venez sous la grande ombrelle du bouddhisme

Le désir

Pour résoudre nos problèmes humains et nous permettre de trouver une paix et un bonheur éternels, Bouddha a donné des enseignements extrêmement profonds pour que nous les utilisions comme des conseils pratiques. Ses enseignements sont appelés *dharma,* ce qui signifie qu'ils sont une protection suprême contre la souffrance. Le dharma est la méthode proprement dite nous permettant de résoudre nos problèmes humains. Pour comprendre cela, nous avons besoin d'examiner dans un premier temps la véritable nature de nos problèmes et leurs causes principales.

Nos problèmes n'existent pas en dehors de notre esprit. La véritable nature de nos problèmes, ce sont nos sensations désagréables et ces sensations font partie de notre esprit. Par exemple, quand notre voiture a un problème, nous disons souvent « J'ai un problème », mais en réalité ce n'est pas notre problème mais le problème de la voiture. Nos problèmes surviennent uniquement lorsque nous éprouvons des sensations désagréables. Les problèmes de la voiture existent en dehors de l'esprit, alors que nos problèmes sont à l'intérieur de notre esprit. En distinguant comme cela les problèmes animés des problèmes inanimés, nous pouvons comprendre que la véritable nature de nos problèmes, ce sont nos propres sensations, qui font partie de notre esprit.

Tous nos problèmes (nos sensations désagréables) proviennent de perturbations mentales : notre attachement et notre ignorance de la saisie d'un soi. Ces perturbations mentales sont donc les causes principales de nos problèmes. Nous avons un puissant attachement à la réalisation de nos propres souhaits et, pendant toute notre vie, nous travaillons très dur dans ce but, éprouvant beaucoup de difficultés et de problèmes. Lorsque nos souhaits ne se réalisent pas, nous sommes malheureux et déprimés. Cela provoque souvent notre colère, ce qui crée davantage de problèmes pour nous-mêmes et pour les autres. Nous pouvons comprendre cela clairement à travers notre propre expérience. Lorsque nous perdons nos amis, notre travail, notre position sociale, notre réputation, etc., nous éprouvons de la douleur et de nombreuses difficultés. Cela tient à notre fort attachement à ces choses ; si nous n'avions pas cet attachement, il n'y aurait aucune base pour éprouver souffrances et problèmes en les perdant.

Nous avons un fort attachement à nos propres points de vue et, de ce fait, lorsqu'une personne s'oppose à ceux-ci, nous éprouvons immédiatement le problème intérieur de sensations désagréables. Cela provoque notre colère, qui conduit à des disputes et des conflits avec les autres, et cela à son tour donne naissance à davantage de problèmes. La plupart des problèmes politiques à travers le monde sont provoqués par des personnes ayant un fort attachement à leurs propres idées. De nombreux problèmes ont également pour cause l'attachement des personnes à leurs propres convictions religieuses.

Dans des vies précédentes, par attachement à la réalisation de nos propres souhaits, nous avons effectué une multitude d'actions qui ont fait du mal à d'autres êtres vivants. En résultat de ces actions, nous connaissons maintenant un grand nombre de problèmes et de souffrances dans notre vie.

Si nous regardons dans le miroir du dharma, nous verrons que notre attachement, notre colère et en particulier notre ignorance de la saisie d'un soi sont les causes de tous nos problèmes et de toutes nos souffrances. Nous réaliserons sans aucun doute que, à moins de contrôler ces perturbations mentales, il n'y a aucune autre méthode nous permettant de résoudre nos problèmes humains. Le dharma est la seule méthode permettant de contrôler les perturbations mentales que sont l'attachement, la colère et l'ignorance de la saisie d'un soi. C'est la raison pour laquelle nous pouvons dire que les enseignements de Bouddha (le dharma) sont la seule méthode nous permettant de résoudre nos problèmes humains. Les pratiquants kadampas des temps passés et de nombreux pratiquants actuels ont compris cela à travers leur propre expérience ; ce sont des témoins de cette vérité. Les enseignements de Bouddha sont la méthode scientifique suprême pour résoudre les problèmes humains. Si nous mettons ces enseignements sincèrement en pratique, il est certain que nous résoudrons nos problèmes humains et que nous trouverons le véritable sens de notre vie.

Les précieux poissons :
Maintenez tout le temps l'harmonie et la joie

La souffrance

Dans *Le Soutra des quatre nobles vérités,* Bouddha dit :

> Vous avez besoin de connaître les souffrances.
> Vous avez besoin d'abandonner les origines.
> Vous avez besoin d'atteindre les cessations.
> Vous avez besoin de pratiquer la voie.

Ces instructions sont appelées les *quatre nobles vérités.* Elles sont appelées *nobles vérités* parce que ce sont des instructions supérieures et non trompeuses.

De manière générale, tous ceux qui éprouvent une douleur physique ou mentale, même les animaux, comprennent leur propre souffrance. Cependant, quand Bouddha dit « Vous avez besoin de connaître les souffrances », il veut dire que nous avons besoin de connaître les souffrances de nos vies futures. Grâce à cette connaissance, nous ferons naître en nous un puissant désir de nous libérer de ces souffrances. Ce conseil pratique est important pour tout le monde parce que, si nous avons le désir de nous libérer des souffrances des vies futures, il est certain que nous utiliserons notre vie humaine actuelle pour la liberté et le bonheur de nos innombrables vies futures. Notre vie ne peut pas avoir plus de sens que cela.

Tout d'abord, nous avons besoin d'identifier notre saisie d'un soi, qui demeure toujours en notre cœur et détruit notre paix intérieure. Par nature, c'est une perception erronée qui croit à tort que nous-mêmes et les autres existons vraiment, intrinsèquement. Cet esprit est ignorant parce qu'en réalité les choses n'existent pas intrinsèquement : elles existent en tant que simples imputations. Étant donné que cet esprit insensé, la saisie d'un soi, croit à, ou saisit, l'existence vraie d'un *je* (d'un *moi)*, d'un *à moi* et de tous les autres phénomènes, nous développons de l'attachement pour les choses que nous aimons et de la haine pour celles que nous n'aimons pas. Nous effectuons alors diverses actions qui font du mal à d'autres êtres vivants et, en résultat, nous connaissons divers problèmes et diverses souffrances tout au long de cette vie-ci, et vie après vie. C'est la raison fondamentale pour laquelle nous éprouvons tant de problèmes. Notre sens d'un *moi* et d'un *à moi* existant vraiment est si puissant que notre saisie d'un soi sert aussi de base à tous nos problèmes quotidiens.

La saisie d'un soi peut être comparée à un arbre empoisonné, les autres perturbations mentales à ses branches et toutes nos souffrances à ses fruits. C'est la source fondamentale de toutes les autres perturbations mentales, de tous nos problèmes et de toutes nos souffrances. Comprenant cela, nous faisons de grands efforts pour identifier, réduire et finalement abandonner complètement cette ignorance.

Les cessations

« Vous avez besoin d'atteindre les cessations. »

Cela signifie que nous avons besoin d'atteindre la cessation définitive de la souffrance. De manière générale, tout le monde connaît de temps en temps une cessation temporaire de souffrances particulières. Par exemple, ceux qui sont physiquement en bonne santé connaissent une cessation temporaire de la maladie. Pourtant, ce n'est pas suffisant parce que cette cessation est seulement temporaire. Plus tard, ils auront à endurer la souffrance de la maladie encore et encore, dans cette vie-ci et dans d'innombrables vies futures. Chaque être vivant sans exception doit éprouver le cycle des souffrances de la maladie, du vieillissement, de la mort et de la renaissance, vie après vie, sans fin. En suivant l'exemple de Bouddha, nous avons besoin de développer un puissant renoncement pour ce cycle sans fin. À l'époque où il vivait dans le palais auprès de sa famille, Bouddha vit comment son peuple éprouvait constamment ces souffrances ; il prit alors la ferme résolution d'atteindre l'illumination (la cessation définitive de toute souffrance) et de conduire chaque être vivant jusqu'à cet état.

Bouddha ne nous a pas encouragés à abandonner les activités quotidiennes qui procurent les conditions nécessaires les problèmes futurs pour soi-même et pour les autres. Elle nous rend purs parce qu'elle rend nos actions pures. Nous avons nous-mêmes besoin d'être propres et purs ; il ne suffit pas d'avoir juste un corps propre, parce que notre corps, ce n'est pas nous. La discipline morale est comme une grande terre qui soutient et nourrit les récoltes des réalisations spirituelles. Il est très difficile de progresser dans nos entraînements spirituels sans pratiquer la discipline morale. L'entraînement à la discipline morale supérieure consiste à apprendre à nous familiariser profondément avec la pratique de la discipline morale, motivés par le renoncement.

Le deuxième entraînement supérieur est l'entraînement à la concentration supérieure. La nature de la concentration est d'empêcher les distractions de se produire et de se concentrer sur des objets vertueux. Il est très important de nous entraîner à la concentration, parce que si nous sommes distraits nous ne pouvons arriver à rien. L'entraînement à la concentration supérieure consiste à apprendre à nous familiariser profondément avec la capacité de faire cesser les distractions et à nous concentrer sur des objets vertueux, motivés par le renoncement. Pour toute pratique du dharma, si notre concentration est claire et puissante, il est très facile de progresser. Habituellement, les distractions sont notre problème principal. La pratique de la discipline morale empêche les distractions grossières de se produire et la concentration empêche les distractions subtiles de se produire ; les deux ensemble produisent des résultats rapides dans notre pratique du dharma.

Le troisième entraînement supérieur est l'entraînement à la sagesse supérieure. La sagesse est par nature un esprit vertueux intelligent dont la fonction est de dissiper la confusion et de comprendre totalement des objets profonds. De nombreuses personnes sont très intelligentes pour détruire leurs ennemis, pour prendre soin de leur famille, pour trouver ce qu'elles désirent, etc., mais il ne s'agit pas là de sagesse. Même les animaux sont dotés de cette intelligence. L'intelligence ordinaire est trompeuse, alors que la sagesse ne nous trompera jamais. La sagesse est notre guide spirituel intérieur qui nous conduit vers des voies correctes. C'est l'œil divin grâce auquel nous pouvons voir les vies passées et les vies futures, et le lien particulier existant entre nos actions et nos expériences, appelé *karma*. Le karma est un sujet très vaste et très subtil, et seule la sagesse nous permet de le comprendre. L'entraînement à la sagesse supérieure consiste à méditer sur la sagesse réalisant la vacuité, motivés par le renoncement. Cette sagesse est extrêmement profonde. Son objet, la vacuité, n'est pas le néant mais la nature réelle de tous les phénomènes. Une explication détaillée de la vacuité se trouve dans *Un Bouddhisme moderne*.

Les trois entraînements supérieurs sont la méthode proprement dite pour atteindre la cessation définitive des souffrances de cette vie-ci et de celles des innombrables vies futures. L'analogie suivante nous aide à comprendre cela. Si nous coupons un arbre en utilisant une scie, la scie à elle seule ne peut pas couper l'arbre, sans que nous n'utilisions nos mains, et nos mains à leur tour dépendent de notre corps. L'entraînement à la discipline morale supérieure est semblable à notre corps, l'entraînement à la concentration supérieure est semblable à nos mains et l'entraînement à la sagesse supérieure est semblable à la scie. En utilisant ces trois choses ensemble, nous pouvons couper l'arbre empoisonné (notre ignorance de la saisie d'un soi), et toutes les autres perturbations mentales (ses branches) ainsi que tous les problèmes et souffrances (ses fruits) cesseront automatiquement et totalement. Nous aurons alors atteint la cessation définitive des souffrances de cette vie-ci et de celles des vies futures (la paix intérieure suprême et définitive appelée *nirvana* ou *libération*). Nous aurons ainsi résolu tous nos problèmes humains et accompli le véritable sens de notre vie.

Les quatre nobles vérités peuvent se comprendre et se pratiquer à différents niveaux. Toutes les pratiques du dharma sont comprises, directement ou indirectement, dans la pratique des quatre nobles vérités. Grâce aux instructions précédentes, nous pouvons comprendre de façon générale comment les pratiquer. Nous avons aussi besoin de comprendre comment les pratiquer pour des souffrances, des origines, des cessations et des voies particulières. Par exemple, dans le cas de la souffrance de la colère, l'origine de la colère est la colère elle-même, sa cessation est la vraie cessation de la souffrance de la colère, et la voie est la pratique de la patience. Tout cela sera expliqué en deuxième partie de ce livre.

DEUXIÈME PARTIE

La patience

Le précieux vase :
Prenez les précieux joyaux que sont la sagesse et la compassion dans le vase du trésor du dharma kadam

La patience

L'explication suivante sur la manière de surmonter notre colère par la pratique de la patience est basée sur *Le Guide du mode de vie du bodhissattva,* le célèbre poème du grand maître bouddhiste Shantidéva. Composé il y a plus de mille ans, ce texte est l'une des explications les plus claires et les plus puissantes jamais écrites sur le sujet, et il est aussi pertinent aujourd'hui qu'il l'était à l'époque.

Shantidéva dit :

> Aucun mal n'est plus grand que la colère
> Et aucune vertu n'est plus grande que la patience.
> C'est pourquoi je vais m'efforcer par divers moyens
> De me familiariser avec la pratique de la patience.

Le précieux lotus :
Prenez plaisir à la pureté de votre esprit et de vos actions

Les défauts de la colère

La colère est l'une des perturbations mentales les plus courantes et les plus destructrices, et elle affecte notre esprit presque tous les jours. Pour résoudre le problème de la colère, nous avons d'abord besoin d'identifier la colère à l'intérieur de notre esprit, de reconnaître comment elle nous fait du mal, à nous-mêmes et aux autres, et de comprendre et apprécier les bienfaits d'être patients face aux difficultés. Ensuite, nous avons besoin d'appliquer des méthodes pratiques dans notre vie quotidienne afin de réduire notre colère pour finalement l'empêcher totalement de se manifester.

Qu'est-ce que la colère ? La colère est un état d'esprit perturbé qui se fixe sur un objet animé ou inanimé, le ressent comme déplaisant, exagère ses défauts et désire lui faire du mal (ou le détériorer). Par exemple, lorsque nous sommes en colère contre notre partenaire, à ce moment-là, il ou elle nous apparaît désagréable ou déplaisant. Nous exagérons ensuite ses défauts en nous fixant uniquement sur les aspects qui nous irritent, et en ignorant toutes ses qualités et sa gentillesse, jusqu'à ce que nous ayons construit une image mentale d'une personne intrinsèquement défectueuse. Nous voulons ensuite faire du mal à cette personne d'une manière ou d'une autre, probablement en la critiquant ou en la dénigrant. La colère est un état d'esprit à coté de la réalité parce qu'elle est basée sur une exagération ; la personne ayant intrinsèquement des défauts ou la chose intrinsèquement défectueuse sur laquelle la colère se fixe n'existe pas. De plus, la colère, comme nous allons le voir plus loin, est un état d'esprit extrêmement destructeur qui ne sert rigoureusement à rien. Après avoir compris la nature et les inconvénients de la colère, nous avons besoin d'observer attentivement et continuellement notre esprit, afin de la repérer chaque fois qu'elle commence à se manifester.

Rien n'est plus destructeur que la colère. Elle détruit notre paix et notre bonheur dans cette vie-ci, et nous pousse à effectuer des actions négatives qui mènent à des souffrances inimaginables dans des vies futures. Elle bloque notre progrès spirituel et nous empêche de réaliser les objectifs spirituels que nous nous sommes fixés, depuis la simple amélioration de notre esprit jusqu'à la pleine illumination. L'opposant de la colère est l'acceptation patiente. Si nous avons un désir véritable de progresser sur la voie spirituelle, aucune autre pratique n'est plus importante.

Dans *Le Guide du mode de vie du bodhissattva*, Shantidéva dit que tout le mérite, ou bonne fortune, créé dans notre esprit par nos actions vertueuses effectuées pendant des milliers d'éons, peut être détruit en un instant en nous mettant en colère contre un être saint comme un bodhissattva. Un bodhissattva est un être qui a la bodhitchitta, le désir spontané d'atteindre l'illumination pour aider tous les êtres vivants. Puisque la bodhitchitta est une qualité intérieure, il n'est pas facile de dire qui est, ou qui n'est pas, un bodhissattva. Il est très possible qu'un enseignant spirituel célèbre ne soit pas un bodhissattva, alors qu'une personne vivant simplement et tranquillement au milieu de personnes dans le besoin soit en fait cet être hautement réalisé. Puisque, comme le dit Shantidéva, un moment de colère contre un être qui a développé la bodhitchitta peut détruire des éons de vertu, il est conseillé de ne se mettre en colère contre personne.

La colère peut se produire envers une multitude d'objets et elle peut détruire le mérite que nous avons accumulé pendant des milliers de vies si elle est dirigée contre un être ayant de hautes réalisations spirituelles. De même, si nous développons une colère intense envers ceux qui nous ont manifesté une grande bienveillance, que ce soit matériellement ou spirituellement, la destruction de notre mérite, ou bonne fortune, sera sans limite. Même la colère dirigée contre une personne qui est notre égale peut détruire la bonne fortune accumulée au cours de nombreuses vies antérieures.

Imaginons qu'un jour nous créions une immense quantité de mérite en faisant de très importantes offrandes aux trois joyaux (Bouddha, le dharma et la sangha) ou en aidant de nombreuses personnes. Si nous nous souvenons de dédier notre mérite à l'accomplissement de l'illumination et au bien de tous les êtres vivants, ce mérite est en sécurité et ne peut pas être détruit par la colère. Toutefois, si ce mérite n'est pas correctement dédié et que le jour suivant nous nous mettions très en colère contre une autre personne, la vertu accumulée par la pratique de la veille perdra tout son pouvoir. Notre colère, même légère, peut retarder le mûrissement de notre karma vertueux. Par conséquent, la perturbation mentale qu'est la colère nous nuit gravement. Une boisson alcoolisée a le potentiel de nous enivrer, mais, portée à ébullition, son potentiel est détruit. De la même manière, la pratique de la vertu crée dans notre esprit le potentiel de connaître le bonheur, mais la colère peut complètement anéantir ce potentiel.

La destruction du mérite est l'un des défauts invisibles de la colère et par conséquent, seule la foi nous permet d'accepter ce fait. Toutefois, cette perturbation mentale a de nombreux défauts visibles et le besoin de développer la patience deviendra évident une fois que nous aurons remarqué ses inconvénients les plus manifestes.

La colère est par nature un état d'esprit douloureux. Chaque fois que la colère se produit en nous, notre paix intérieure disparaît immédiatement et même notre corps se crispe et devient inconfortable. Nous sommes si agités qu'il nous est presque impossible de trouver le sommeil et, quand nous y parvenons, notre nuit est mouvementée et peu réparatrice. Quand nous sommes en colère, il nous est impossible de prendre du plaisir et même notre nourriture nous semble avoir mauvais goût. La colère transforme même une personne habituellement attirante en un démon au visage rouge et laid. Nous devenons de plus en plus malheureux et, quels que soient nos efforts, nous n'arrivons pas à contrôler nos émotions.

L'un des effets les plus nuisibles de la colère est qu'elle nous fait perdre notre raison et notre bon sens. Nous nous exposons à de grands dangers juste par vengeance mesquine en cherchant à riposter contre ceux qui, selon nous, nous ont fait du mal. Pour nous venger de ce que nous percevons comme une injustice ou un affront, nous sommes prêts à mettre en danger notre carrière, nos relations et même le bien-être de notre famille et de nos enfants. Sous l'emprise de la colère, nous perdons toute liberté de choix, emportés ici et là par une rage incontrôlable. Parfois, cette rage aveugle est même dirigée contre ceux que nous aimons et contre nos bienfaiteurs. Dans un accès de colère, oubliant l'immense bonté reçue de notre famille, de nos amis ou de nos enseignants spirituels, nous serions capables d'attaquer ou même de tuer les personnes qui nous sont les plus chères. Rien d'étonnant qu'une personne habituellement en colère soit rapidement évitée par tous ceux qui la connaissent. Cette victime infortunée de son propre tempérament fait le désespoir de ceux qui l'aimaient auparavant, et elle finit par se retrouver abandonnée de tous.

La colère est particulièrement destructrice dans nos relations avec les autres. Lorsque nous vivons au contact d'une personne, nos personnalités, nos priorités, nos intérêts et nos façons de faire se heurtent fréquemment. Nous passons tant de temps ensemble et nous connaissons si bien les défauts de l'autre qu'il devient très facile de devenir critique envers notre partenaire, irritable, et de l'accuser de nous gâcher la vie. À moins de faire continuellement des efforts pour gérer cette colère dès qu'elle se produit, nos relations en souffriront. Un couple peut réellement s'aimer, mais si les partenaires se mettent souvent en colère l'un contre l'autre, les moments où ils seront heureux ensemble deviendront de plus en plus rares et espacés. Finalement, le moment arrivera où, avant qu'ils ne se soient remis d'une dispute, la suivante aura déjà commencé. Comme une fleur étouffée par les mauvaises herbes, l'amour ne peut pas survivre dans de telles circonstances.

Quand nous sommes proches de quelqu'un au quotidien, de nombreuses occasions de nous mettre en colère se présentent chaque jour. Pour éviter que de mauvais sentiments ne s'accumulent, nous avons donc besoin de gérer la colère dès qu'elle commence à naître dans notre esprit. Nous lavons la vaisselle après chaque repas, sans attendre la fin du mois, parce que nous ne voulons pas vivre dans une maison sale ni nous retrouver face à une corvée monumentale. De la même manière, nous avons besoin de faire l'effort de nous débarrasser du désordre dans notre esprit dès qu'il apparaît, car si nous le laissons s'accumuler, il sera de plus en plus difficile à gérer et il mettra en danger nos relations. Il est bon de nous rappeler que toute occasion favorisant la colère est aussi une occasion de développer la patience. Une relation dans laquelle il y a beaucoup de frictions et de conflits d'intérêts est une occasion sans pareille pour affaiblir notre préoccupation de soi et notre saisie d'un soi, les véritables sources de tous nos problèmes. Si nous pratiquons les instructions sur la patience expliquées dans ce livre, nous pouvons transformer nos relations en des opportunités de croissance spirituelle.

C'est par notre colère et notre haine que nous transformons les autres en ennemis. Nous supposons généralement que la colère se manifeste lorsque nous rencontrons une personne désagréable, mais en fait, c'est la colère déjà présente en nous qui transforme la personne que nous rencontrons en un ennemi imaginaire. Une personne sous l'emprise de sa colère vit dans une vision paranoïaque du monde, entourée d'ennemis qu'elle a elle-même créés. La fausse croyance selon laquelle tout le monde la déteste peut la submerger jusqu'à la folie, victime de sa propre perturbation mentale.

Dans un groupe, il arrive souvent qu'une personne accuse toujours les autres pour tout ce qui va mal. Pourtant, la personne qui se plaint est en général la responsable de tous les désaccords. On raconte l'histoire d'une vieille femme qui avait l'habitude de se disputer et de se bagarrer avec tout le monde. Elle était si désagréable qu'elle finit par se faire expulser de son village. Lorsqu'elle arriva dans un autre village, les habitants lui demandèrent : « Pourquoi êtes-vous partie de chez vous ? » Elle répondit : « Oh, tous les gens de ce village étaient méchants ; je suis partie pour leur échapper. » Les gens pensèrent qu'il était étrange que tout un village soit si méchant ; ils conclurent que la vieille dame elle-même était en tort. Craignant qu'elle ne leur cause que des ennuis, eux aussi la chassèrent de leur village.

Il est très important d'identifier la véritable cause de tout le mal-être que nous éprouvons. Toujours tenir les autres pour responsables de nos difficultés est un signe certain qu'il y a encore beaucoup de problèmes et de défauts dans notre propre esprit. Si nous étions vraiment en paix à l'intérieur et avions le contrôle de notre esprit, les personnes ou les conditions difficiles ne pourraient pas troubler cette paix, et nous n'aurions aucune tendance compulsive à accuser les autres ou à les considérer comme nos ennemis. Pour une personne qui a maîtrisé son esprit et éradiqué toute trace de colère, tous les êtres sont ses amis. Un bodhissattva par exemple, dont la seule motivation est d'aider les autres, n'a aucun ennemi. Très peu de personnes désirent nuire à une personne qui est l'ami du monde entier, et même si une personne faisait du mal à un bodhissattva, ce dernier ne considérerait pas cette personne comme un ennemi. Son esprit demeurant dans la patience, il resterait calme et imperturbable, et l'amour et le respect qu'il éprouve pour son assaillant ne seraient pas amoindris. Tel est le pouvoir d'un esprit bien contrôlé. Par conséquent, si nous voulons véritablement être débarrassés de tout ennemi, il nous suffit de déraciner notre propre colère.

Il est important de ne pas penser que ce but est impossible à atteindre. En se fiant aux méthodes appropriées, de nombreuses personnes ont pu se guérir complètement de leur maladie physique. De la même manière, il est certain que la maladie intérieure de la colère peut se guérir, et de nombreux pratiquants spirituels sont parvenus à le faire dans le passé. Des méthodes pour se libérer de cette perturbation mentale handicapante existent, et leur efficacité a été prouvée chaque fois que les personnes les ont mises sincèrement en pratique. Il n'y a aucune raison pour que ces méthodes ne marchent pas aussi pour nous. Imaginez à quoi ressemblerait le monde si nous avions tous vaincu notre colère ! Le risque de guerre s'évanouirait, les armées ne seraient plus nécessaires et les soldats seraient obligés de trouver un autre travail. Mitrailleuses, chars d'assaut et armes nucléaires (des instruments seulement utiles à un esprit rempli de colère) pourraient être mis au rebut, puisque tous les conflits, depuis les guerres entre nations jusqu'aux disputes entre individus, auraient pris fin. Même si cette paix et cette harmonie universelles semblent utopiques, imaginez la liberté et la paix de l'esprit dont chacun jouirait personnellement si nous réussissions à nous libérer complètement de l'esprit déformé et destructeur qu'est la colère.

Après avoir compris les nombreux défauts de la colère, nous observons continuellement notre esprit de très près.

Dès que nous remarquons que notre esprit commence à s'agiter (par exemple lorsqu'il s'attarde sur les défauts d'une personne et les rend responsables des sensations déplaisantes dans notre esprit), nous nous souvenons immédiatement des défauts de la colère. Nous nous souvenons que le fait de nous mettre en colère ne résoudra rien et créera uniquement plus de souffrances pour nous-mêmes comme pour les autres, et nous faisons alors l'effort de canaliser notre esprit dans une direction plus constructive.

Si nous sommes capables de reconnaître un enchaînement de pensées négatives avant que la colère ne se développe pleinement, il ne sera pas trop difficile de contrôler notre esprit. Si nous arrivons à faire cela, il n'y a pas de danger de refouler notre colère et de la transformer en ressentiment. Contrôler la colère et la refouler sont deux choses très différentes. Le refoulement de la colère se produit lorsque la colère s'est pleinement développée dans notre esprit sans que ne parvenions à admettre et à reconnaître sa présence. Vis-à-vis de nous-mêmes et des autres, nous prétendons ne pas être en colère. Nous contrôlons l'expression extérieure de la colère, mais pas la colère elle-même. C'est quelque chose de très dangereux parce que la colère continue de bouillonner sous la surface de notre esprit, gagnant en force jusqu'à ce qu'un jour elle explose inévitablement.

Par contre, lorsque nous contrôlons la colère, nous voyons exactement ce qui se passe dans notre esprit. Nous reconnaissons honnêtement les remous de la colère dans notre esprit pour ce qu'ils sont, nous réalisons que le fait de leur permettre de se développer n'aboutira qu'à de la souffrance et prenons consciemment et librement la décision de répondre de manière plus constructive. Si nous agissons habilement, la colère n'a aucune chance de bien se développer et il n'y a donc rien à refouler. Après avoir appris à contrôler et à surmonter notre colère de cette manière, nous trouverons toujours le bonheur, dans cette vie-ci et dans nos vies futures. Par conséquent, ceux qui désirent vraiment être heureux ont besoin de faire l'effort de libérer leur esprit du poison de la colère.

En résumé, tant que notre esprit sera rempli de colère, nous ne trouverons le bonheur ni dans cette vie-ci, ni dans les vies à venir. La colère est notre véritable ennemie et tant que nous ne l'aurons pas expulsée de notre esprit, elle continuera à nous faire subir des souffrances inimaginables. Alors, au lieu de rejeter la faute sur les autres ou les circonstances et de les considérer comme des ennemis, nous avons besoin de reconnaître que la véritable source de nos souffrances, c'est cette colère à l'intérieur de notre esprit. Puis, nous surveillons notre esprit grâce à une attention et à une vigilance continues, et nous saisissons toutes les occasions qui se présentent pour libérer notre esprit de son influence destructrice.

Pourquoi nous mettons-nous en colère ?

Pour réduire et finalement éradiquer notre colère, nous avons besoin d'attaquer le problème de deux côtés. Premièrement, nous avons besoin d'arriver à reconnaître clairement les nombreux défauts de la colère, comme cela a déjà été expliqué, en comprenant que notre véritable ennemie est cette perturbation mentale empoisonnée et aucune autre force extérieure. Reconnaître cela éveille en nous un désir urgent de nous débarrasser de la colère dès que possible. Si nous découvrons que nous avons avalé du poison par inadvertance, nous aurons naturellement un désir urgent de nous en débarrasser, parce que nous comprenons le mal qu'il provoquera. Pourtant, le poison intérieur de la colère nous fait bien plus de mal que tout poison physique : son venin atteint même nos vies futures. Par conséquent, notre désir de nous en débarrasser devrait en être d'autant plus fort !

Deuxièmement, nous avons besoin de parvenir à une profonde compréhension des raisons pour lesquelles nous nous mettons en colère, puis d'agir pour contrecarrer et éliminer les causes que nous avons découvertes. La cause racine de la colère, comme de toute autre perturbation

La précieuse conque :
Écoutez le son précieux de la conque du dharma, et contemplez et méditez sur sa signification

mentale, est notre ignorance innée de la saisie d'un soi (la vue qui croit et maintient par erreur que nous-mêmes et tous les autres phénomènes existons intrinsèquement). Une fois cette ignorance éradiquée, il n'y aura plus aucune base dans notre esprit pour le mal-être, l'insatisfaction ou toute autre perturbation mentale. La saisie d'un soi est une habitude mentale profondément enracinée. Pour l'éradiquer complètement, nous avons besoin de développer une réalisation directe de la vacuité, chose impossible à faire du jour au lendemain. Toutefois, il existe d'autres causes plus immédiates de la colère et puisque nous pouvons agir sur celles-ci dès maintenant, il est utile de nous concentrer sur elles au cours des premières étapes de notre pratique.

La colère est une réponse à des sensations de mal-être (quand nous ne nous sentons pas bien), qui surviennent à leur tour chaque fois que nous rencontrons des conditions déplaisantes. Chaque fois qu'une chose nous empêche de satisfaire nos désirs ou que nous sommes forcés de vivre une situation que nous n'aimons pas (en bref, chaque fois que nous sommes obligés de supporter quelque chose que nous préférerions éviter), notre esprit incontrôlé réagit immédiatement avec un sentiment de mal-être. Cette sensation inconfortable peut aisément se transformer en colère, et nous devenons encore plus perturbés qu'avant.

Examiner le genre de situations dans lesquelles nous nous mettons en colère est un exercice très utile. Nous constaterons probablement que notre colère se manifeste le plus souvent lorsque nos désirs sont contrariés et que nous n'obtenons pas ce que nous voulons. Par exemple, un homme qui a un fort désir d'être avec son amante sera extrêmement rancunier contre toute personne ou toute chose qui l'en empêcherait. Si son amante refuse de le voir ou le quitte pour quelqu'un d'autre, son sentiment de mal-être peut facilement se transformer en rage. Il est essentiel que nous apprenions de nouvelles manières d'aborder les frustrations et les déceptions. Puisqu'il n'est pas raisonnable de nous attendre à avoir tout ce que nous voulons et à réaliser tous nos désirs, nous devons cultiver une approche plus réaliste et plus équilibrée.

L'autre raison principale de notre mal-être et de notre colère est le fait de faire face à une situation que nous ne voulons pas ou que nous n'aimons pas. Chaque jour, nous nous retrouvons dans des centaines de situations que nous n'aimons pas, comme se heurter les orteils, être en désaccord avec notre partenaire, ou encore découvrir que notre maison a brûlé ou que nous avons un cancer ; notre réaction habituelle à toutes ces situations est de nous sentir mal et de nous mettre en colère. Toutefois, nous aurons beau essayer, nous ne pourrons pas éviter les choses désagréables. Nous ne pouvons pas certifier que rien de désagréable ne nous arrivera au cours du reste de la journée. Nous ne pouvons même pas garantir d'être encore en vie pour voir la fin de la journée. Dans le samsara, nous n'avons pas le contrôle de ce qui nous arrive.

Puisqu'il est impossible de réaliser tous nos désirs et de faire cesser toutes les choses que nous ne voulons pas, nous avons besoin de trouver une manière différente d'aborder l'insatisfaction et les situations indésirables. Nous avons besoin d'apprendre l'acceptation patiente.

La patience est un esprit capable d'accepter pleinement et joyeusement tout ce qui se passe. C'est beaucoup plus que le simple fait de serrer les dents et d'endurer ce qui nous arrive. Être patient signifie accueillir favorablement de tout cœur tout ce qui nous arrive, ayant abandonné l'idée que les choses devraient être autres que ce qu'elles sont. Il est toujours possible d'être patient ; aucune situation n'est mauvaise au point de ne pas pouvoir être acceptée avec patience, le cœur en paix, ouvert et conciliant.

Lorsque la patience est présente dans notre esprit, il est impossible au mal-être de s'y introduire. Il y a de nombreux exemples de personnes qui ont réussi à pratiquer la patience, même dans les conditions les plus extrêmes, par exemple sous la torture ou encore en phase terminale d'un cancer. Même le corps détruit sans aucun espoir de rétablissement, au fond d'elles-mêmes, leur esprit restait en paix. En apprenant à accepter les petites difficultés et les épreuves mineures qui se produisent quotidiennement dans notre vie, notre capacité à accepter patiemment grandira peu à peu, et nous en viendrons à connaître par notre propre expérience la liberté et la joie apportées par une vraie patience.

Si nous pratiquons la patience d'accepter de bon gré la souffrance, nous pouvons maintenir un esprit paisible même lorsque nous éprouvons souffrances et douleurs. Si nous maintenons cet état d'esprit paisible et positif grâce à la force de l'attention, les états d'esprit malheureux n'auront pas la possibilité de se manifester. Par contre, si nous nous autorisons à ressasser des pensées malheureuses, il n'y aura aucun moyen d'empêcher la colère de se manifester. Pour cette raison, Guéshé Tchékawa a dit : « Remettez-vous-en toujours à un esprit heureux et à lui seul. »

Il a été expliqué précédemment que la raison principale pour laquelle nous nous sentons mal ou sommes malheureux est que nos souhaits ne sont pas exaucés, ou que nous sommes obligés de gérer une situation déplaisante. Pourtant, dans *Le Guide du mode de vie du bodhissattva* Shantidéva dit :

> S'il est possible de remédier à quelque chose
> Pourquoi être malheureux ?
> Et s'il n'est pas possible d'y remédier,
> Il ne sert toujours à rien d'être malheureux.

S'il est possible de remédier à une situation désagréable et difficile, à quoi bon être malheureux ? D'un autre coté, s'il est absolument impossible de remédier à la situation ou à la réalisation de nos souhaits, il n'y a pas non plus de raison d'être contrariés, car comment notre mal-être aidera-t-il ? Ce raisonnement est très utile car nous pouvons l'appliquer à toute situation.

L'acceptation patiente ne veut pas nécessairement dire que nous ne prenons pas de mesures pratiques pour améliorer notre situation. S'il est possible de remédier à la situation, alors bien sûr nous y remédions ; mais pour ce faire, nous n'avons pas besoin de nous sentir mal et d'être impatients. Par exemple, si nous avons mal à la tête, il n'y a pas de contradiction entre pratiquer la patience et prendre un comprimé, mais en attendant que le comprimé fasse son effet, nous avons besoin d'accepter toute sensation d'inconfort avec un esprit calme et patient. Si, au lieu d'accepter la douleur présente, nous sommes malheureux et luttons contre elle, le seul résultat sera que nous nous crisperons et notre mal de tête mettra alors plus de temps à disparaître. Tant que nous sommes dans le samsara, nous ne pouvons éviter ni les situations désagréables et difficiles, ni un certain inconfort physique ; mais en entraînant notre esprit à regarder les situations frustrantes d'une manière plus réaliste, nous pouvons nous libérer de nombreuses souffrances mentales inutiles.

Les occasions dans lesquelles il est facile de développer un esprit malheureux sont innombrables. Si nous-mêmes, notre famille ou bien nos amis sommes maltraités, accusés ou si nous connaissons une quelconque difficulté, notre réaction habituelle est de nous sentir mal. Nous sommes également malheureux lorsque nos relations sont difficiles, lorsque nous avons des problèmes d'argent ou de santé, lorsque nous perdons ce qui nous est cher, lorsque nous nous sentons seuls ou que nous ne trouvons jamais le temps d'être seuls, lorsque nous ne pouvons pas trouver de travail ou que nous avons trop de travail, lorsque nos rêves et nos désirs ne se réalisent pas, ou qu'une fois réalisés ils nous laissent avec un sentiment de vide et d'insatisfaction, lorsque nous échouons ou lorsque notre succès nous apporte plus de stress que nous ne pouvons en supporter, lorsque les personnes que nous n'aimons pas réussissent, etc., la liste est sans fin. Dans toutes ces situations, notre mal-être peut aisément nous donner le sentiment que la vie ou que les autres sont injustes avec nous, et cela nous déprime davantage encore.

Au lieu de réagir aveuglément en suivant la force de l'habitude émotionnelle, il est important d'examiner si, dans ce genre de situation, il est utile ou réaliste de devenir malheureux. Nous n'avons pas besoin de devenir malheureux simplement parce que les choses ne vont pas comme nous le souhaitons. Jusqu'à présent, c'est pourtant ainsi qu'a été notre réaction aux difficultés mais, après avoir reconnu que cela ne marche pas, nous sommes libres de répondre d'une manière plus réaliste et constructive.

L'acceptation patiente est souvent prise pour une réponse faible et passive aux problèmes que nous n'avons ni le pouvoir, ni le courage de résoudre. En réalité pourtant, la patience est loin d'être une attitude passive. Il n'y a rien de fort ni de courageux à réagir aux épreuves ou aux insultes par la colère ; nous sommes simplement vaincus par nos perturbations mentales. À l'inverse, en tenant tête à nos perturbations mentales et en refusant de retomber dans nos vieilles habitudes mentales d'intolérance et de non-acceptation, nous adoptons une position très forte et très active.

En réalité, la plupart de nos problèmes émotionnels ne sont rien d'autre qu'une incapacité d'accepter les choses telles qu'elles sont. Dans ce cas, c'est l'acceptation patiente, et non pas tenter de changer la situation extérieure, la solution. Par exemple, bon nombre de nos problèmes relationnels se produisent parce que nous n'acceptons pas notre partenaire tel qu'il ou telle qu'elle est. Dans ces cas-là, la solution ne consiste pas à changer notre partenaire en ce que nous aimerions qu'il soit, mais à l'accepter pleinement tel qu'il ou telle qu'elle est. Il existe de nombreux niveaux d'acceptation. Nous essayons déjà peut-être de tolérer ses petites manies, de nous abstenir de le ou de la critiquer, et d'agir selon ses désirs la plupart du temps. Mais, au fond de notre cœur, avons-nous cessé de le juger ? Sommes-nous complètement libérés de tout ressentiment et de tout reproche ? N'y a-t-il pas encore une pensée subtile en nous qui dit qu'il devrait être différent de ce qu'il est ? La vraie patience implique d'abandonner toutes ces pensées.

Lorsque nous acceptons pleinement les autres tels qu'ils sont, sans le moindre jugement ni la moindre réserve (exactement comme tous les êtres pleinement éveillés nous acceptent), alors il n'y a aucune base pour des problèmes dans nos relations avec les autres. Les problèmes n'existent pas en dehors de notre esprit donc, lorsque nous cessons de voir les autres comme des problèmes, ils cessent d'être des problèmes. La personne qui est un problème pour un esprit de non-acceptation n'existe pas dans l'espace calme et clair de l'acceptation patiente.

L'acceptation patiente nous aide, mais elle aide aussi ceux avec qui nous sommes patients. Le sentiment de se sentir accepté est très différent du sentiment de se sentir jugé. Lorsqu'une personne se sent jugée, automatiquement elle se crispe et se met sur la défensive, mais lorsqu'elle se sent acceptée, elle peut se détendre et cela permet à ses qualités de ressortir. La patience résout toujours nos problèmes intérieurs, mais souvent elle résout aussi les problèmes que les gens ont les uns avec les autres.

Le chapitre suivant présente plusieurs façons de penser que nous pouvons utiliser pour familiariser notre esprit avec l'acceptation patiente.

Le précieux nœud indestructible :
Faites de grands efforts pour atteindre l'illumination

Apprendre à accepter la souffrance

Nous avons besoin d'apprendre à être patients dans trois sortes de situations : (1) lorsque nous éprouvons des souffrances, des épreuves ou des déceptions, (2) lorsque nous pratiquons le dharma, et (3) lorsque les autres nous font du mal ou nous critiquent. À cela, correspondent trois types de patience : (1) La patience d'accepter de bon gré la souffrance, (2) la patience de penser au dharma quoi qu'il arrive, et (3) la patience de ne pas riposter. Ces trois types de patience ne s'acquièrent pas facilement et peuvent même sembler un peu étranges lorsque nous les découvrons pour la première fois. Cependant, lorsque nous les comprendrons clairement et que nous les mettrons sincèrement et habilement en pratique, elles libéreront notre esprit de l'une de ses perturbations mentales les plus obsédantes et nous apporteront une grande joie et une grande paix. Il est donc très bénéfique de persévérer dans ces pratiques même si au début elles peuvent sembler inhabituelles ou même contre-nature.

Pour pratiquer la première patience (accepter de bon gré toutes les souffrances que nous ne pouvons pas éviter), nous nous rappelons que, où que nous soyons dans le samsara, peu de circonstances nous apportent le bonheur alors que les causes de malheur abondent. C'est la nature même du samsara : ses souffrances sont infinies alors que ses joies sont limitées. De plus, toutes les souffrances que nous rencontrons sont le résultat d'actions que nous avons nous-mêmes effectuées dans le passé. Si nous n'éprouvons pas cette souffrance, qui le fera ? Nous avons donc besoin d'apprendre à accepter l'inévitable au lieu de lutter contre.

Si nous apprenons à accepter les souffrances inévitables, les pensées malheureuses qui nous dérangent ne se manifesteront jamais. Il y a de nombreuses circonstances difficiles et désagréables que nous ne pouvons pas éviter, mais il est certain que nous pouvons éviter le mal-être et la colère que ces circonstances provoquent habituellement en nous. Ce sont ces réactions habituelles face aux difficultés, plutôt que les difficultés elles-mêmes, qui perturbent quotidiennement la paix de notre esprit ainsi que notre pratique spirituelle.

Lorsque nous apprenons à accepter les circonstances difficiles avec patience, le véritable problème disparaît. Imaginons par exemple que notre corps soit affligé d'une maladie douloureuse. Si nous avons une méthode pour accepter la douleur (par exemple en la considérant comme un moyen d'épuiser le karma négatif), notre esprit demeurera en paix même si notre corps est dans la douleur. De plus, puisque la douleur physique est étroitement liée à la tension et au stress de notre esprit, à mesure que notre esprit se détend, nous découvrirons peut-être que la douleur physique disparaît et que notre corps est capable de se guérir de lui-même. Si par contre nous refusons de gérer la douleur de façon réaliste, maudissant notre maladie et nous laissant aller à la déprime, nous aurons non seulement à endurer la souffrance supplémentaire d'un esprit tourmenté, mais il est très probable que notre douleur physique augmentera aussi.

Nous pouvons donc voir que le fait de répondre aux épreuves par la non-acceptation et par la colère ne fait qu'aggraver les choses. En détruisant le mérite (les potentiels positifs) dans notre esprit, la colère rend très difficile la réalisation de nos désirs ; et en nous poussant à effectuer des actions négatives, elle sème les graines de souffrances futures, plus grandes encore. En résumé, la colère détruit notre paix et notre bonheur actuels, elle nous vole notre bonheur futur et nous garantit de souffrir vie après vie.

Accepter patiemment la souffrance nous procure de nombreux bienfaits. Cela nous permet non seulement de maintenir un esprit paisible et positif face aux circonstances pénibles, mais cela nous aide aussi à parvenir à une vue claire et lucide de la nature de notre situation samsarique. Nous pouvons acquérir une certaine stabilité mentale simplement en reconnaissant que toute expérience de douleur et de gêne se produit parce que nous sommes piégés dans le samsara : le fait de naître, de vivre et de mourir dans un état de non-connaissance et de confusion.

Notre vrai problème n'est ni la maladie physique, ni les relations difficiles, ni les difficultés financières que nous connaissons peut-être actuellement, mais le fait d'être piégés dans le samsara. Reconnaître cela est la base nous permettant de développer le renoncement (le désir spontané d'atteindre la libération complète de toute trace d'insatisfaction), qui à son tour est le fondement de toutes les réalisations spirituelles supérieures qui mènent au bonheur sans limite de la libération et de l'illumination. Cette reconnaissance ne peut toutefois voir le jour qu'à l'intérieur de l'esprit clair et ouvert de l'acceptation patiente. Tant que nous serons en conflit avec les difficultés de l'existence, pensant que les choses devraient être différentes de ce qu'elles sont et tenant les autres et les circonstances pour responsables de notre malheur, nous n'aurons jamais ni la clarté d'esprit, ni l'espace mental nécessaires pour voir ce qui nous enchaîne réellement. La patience nous permet de voir clairement les schémas d'habitudes mentales qui nous maintiennent enfermés dans le samsara ; de ce fait, elle nous permet de commencer à les démanteler. Par conséquent, la patience est le fondement de la liberté et de la félicité éternelles de la libération.

Habituellement, nous ressentons un besoin si urgent de fuir les sensations désagréables que nous ne nous donnons pas le temps de découvrir d'où proviennent en réalité ces sensations. Imaginons qu'une personne que nous avons aidée nous réponde par l'ingratitude, que notre partenaire ne nous rende pas l'affection que nous lui avons donnée, qu'un collègue ou qu'un patron essaie continuellement de nous rabaisser et de saper notre confiance. Tout cela nous blesse et notre réaction instinctive est d'essayer immédiatement d'échapper aux sensations douloureuses qui se développent dans notre esprit en nous mettant sur la défensive, en rejetant la faute sur l'autre, en ripostant ou simplement en endurcissant notre cœur. Malheureusement, en réagissant si rapidement, nous ne nous donnons pas le temps de voir ce qui se passe réellement dans notre esprit. En réalité, les sensations douloureuses qui naissent en pareilles occasions ne sont pas intolérables. Ce sont juste des sensations, quelques instants de mauvais temps dans notre esprit, qui n'ont pas le pouvoir de nous nuire durablement. Ce n'est pas la peine de les prendre trop au sérieux. Nous ne sommes qu'une seule personne parmi d'innombrables êtres vivants, et quelques instants de sensations désagréables qui se produisent dans l'esprit d'une seule personne, ce n'est pas une grande catastrophe.

Il y a de la place dans le ciel pour un orage et, de même, il y a de la place dans le vaste espace de notre esprit pour quelques sensations douloureuses ; un orage n'a pas le pouvoir de détruire le ciel et, de même, les sensations désagréables n'ont pas le pouvoir de détruire notre esprit. Lorsque des sensations douloureuses se manifestent dans notre esprit, il n'y a pas besoin de paniquer ; nous pouvons les accepter patiemment, les éprouver et examiner leur nature et leur provenance. En faisant cela, nous découvrirons que les sensations douloureuses ne nous arrivent pas de l'extérieur mais se manifestent de l'intérieur de notre propre esprit. Les circonstances ou les autres n'ont aucun pouvoir de nous faire nous sentir mal ; ils peuvent tout au plus activer les potentiels de sensations douloureuses qui existent déjà dans notre propre esprit. Ces potentiels, ou empreintes karmiques, sont ce qui reste des actions négatives créées par nous-mêmes dans le passé, et que nous avons effectuées parce que notre esprit était sous le contrôle des perturbations mentales, qui proviennent toutes de l'ignorance de la saisie d'un soi. Si nous acceptons patiemment les sensations douloureuses, sans les saisir fortement, les potentiels karmiques négatifs à partir desquels elles se sont manifestées sont purifiés et nous n'aurons plus jamais à éprouver ce karma.

De plus, les sensations douloureuses ne peuvent se produire et demeurer dans notre esprit qu'à cause de la présence de notre saisie d'un soi. Si nous examinons attentivement notre esprit, nous découvrirons que lorsque nous éprouvons des émotions douloureuses, ces sensations sont invariablement mélangées à la saisie d'un soi. En particulier, c'est la saisie d'un *je* (d'un *moi*) et d'un *à moi* existant intrinsèquement qui nous fait souffrir. Les sensations de blessure sont inséparablement liées à la saisie d'un *moi* et d'un *à moi* ; nous ressentons fortement « Je suis blessé » ou « Ma sensibilité est heurtée ». L'intensité de notre souffrance est directement proportionnelle à l'intensité de notre saisie d'un soi. Nous ne pouvons pas immédiatement faire cesser la saisie d'un soi, mais si nous prenons du recul par rapport au problème, juste suffisamment pour entrevoir la manière dont notre saisie d'un soi crée maintenant le problème, la force de cette saisie d'un soi sera ébranlée.

Il y a une différence énorme entre les pensées « Je me sens mal » et « Des sensations désagréables se manifestent dans mon esprit ». Lorsque nous nous identifions avec nos sensations, nous les rendons plus grandes, plus fortes et plus solides qu'elles ne le sont. Il devient alors bien plus difficile de lâcher ces sensations désagréables. Par contre, lorsque nous apprenons à regarder nos sensations d'une manière plus détachée, en les voyant simplement comme des vagues sur la surface de l'océan de notre esprit, elles deviennent moins effrayantes et plus faciles à gérer de façon constructive.

Les difficultés que la pratique de la patience implique ne devraient pas nous décourager. Dans l'Inde ancienne, des ascètes enduraient de très grandes douleurs et des mortifications simplement pour satisfaire certaines déités et, de nos jours, beaucoup de sportifs, de danseurs, de modèles, de soldats, etc., s'infligent des épreuves physiques extrêmement rudes dans l'exercice de leur profession. Il est facile de penser aux nombreuses personnes qui endurent de bon gré de grandes souffrances simplement pour gagner de l'argent ou pour améliorer leur réputation. Si elles peuvent supporter de si grandes difficultés pour des buts limités, pourquoi ne pouvons-nous pas accepter les difficultés et les désagréments liés à la quête du bonheur ultime de l'illumination et au bien-être de tous les êtres vivants ? Un tel but vaut bien, assurément, un peu d'inconfort. Pourquoi sommes-nous si facilement découragés par les petites difficultés de la vie humaine ?

En familiarisant notre esprit avec la patience d'accepter de bon gré la souffrance, nos problèmes et ennuis finiront par disparaître. Tout dépend de la familiarité ; lorsqu'une activité nous est familière, nous pouvons l'accomplir sans aucune difficulté. Si nous n'apprenons pas à accepter les souffrances relativement petites éprouvées dans notre vie quotidienne, nous aurons à faire face à des souffrances bien plus grandes à l'avenir. Par contre, si nous apprenons à être patients avec des souffrances relativement mineures, comme la critique, l'impopularité et la calomnie, nous apprendrons progressivement à affronter des souffrances et des douleurs plus grandes. Finalement, nous serons capables d'accepter avec un esprit calme et heureux toutes les souffrances de la vie humaine, comme la chaleur, le froid, la faim, la soif, la maladie, l'emprisonnement, la maltraitance et même la mort. De cette manière, nous serons capables de vivre sans peur, sachant qu'il n'y a rien qui puisse nous arriver que nous ne pouvons pas accepter et transformer en voie spirituelle.

Shantidéva donne une analogie pour montrer comment faire grandir la force de notre acceptation patiente. Un soldat aguerri qui est blessé au combat et voit son sang couler rugit par défi et son courage et sa force n'en sont qu'augmentés. À l'inverse, un homme qui n'est pas habitué au combat est découragé à la seule vue du sang d'un autre et peut même perdre ses forces au point de s'évanouir ! Puisque ces deux hommes voient du sang humain, pourquoi cela encourage le soldat et décourage l'autre homme ? La différence provient de la force de la familiarité. Plus nous nous familiariserons avec l'acceptation patiente de la souffrance, plus la force de notre patience grandira. C'est pourquoi, chaque fois que nous ressentons de la souffrance, nous avons besoin de nous rappeler les enseignements sur la patience et empêcher ainsi cette souffrance de nous faire du mal.

Lorsqu'une personne pleine de sagesse et déterminée à atteindre l'illumination rencontre des difficultés ou des conditions adverses, elle les endure sans les laisser troubler la paix de son esprit. Nous avons besoin de réaliser que nos ennemis les plus meurtriers sont la colère et les autres perturbations mentales. Puisque ces perturbations mentales sont des habitudes mentales profondément enracinées, il n'est pas toujours facile d'œuvrer pour les surmonter. Une personne qui a arrêté de fumer ou s'est débarrassée d'une dépendance sait à quel point il est difficile d'aller à l'encontre d'habitudes néfastes. Par conséquent, un certain degré de souffrance est inévitable au cours de notre pratique spirituelle, mais cette souffrance ne sera pas trop difficile à supporter si nous nous rappelons les bienfaits illimités qu'il y a à surmonter notre négativité. En fait, la souffrance qu'il y a à surmonter notre négativité est insignifiante comparée à la souffrance qu'il y a à ne pas la surmonter !

La personne qui supporte toutes les souffrances et triomphe des ennemis que sont la colère et les autres perturbations mentales mérite vraiment le nom de « héros » ou de « héroïne ». Habituellement, nous réservons ce titre à une personne qui tue d'autres êtres vivants au combat, alors que cette personne-là n'est pas vraiment un héros parce que de toute façon, son ennemi serait mort de mort naturelle avec le temps. Cette action n'est pas très différente de celle de tuer un cadavre. Par contre, nos ennemis intérieurs (les perturbations mentales) ne mourront jamais de mort naturelle. Si nous ne faisons aucun effort pour débarrasser notre esprit de ces ennemis tenaces, ils nous garderont enfermés dans la prison du samsara, comme ils l'ont fait depuis des temps sans commencement.

La souffrance a de nombreuses qualités nous permettant de faire grandir nos réalisations spirituelles ; ainsi, pour un pratiquant spirituel, la souffrance n'est pas nécessairement une expérience négative. Grâce à la réflexion sur nos propres souffrances, nous pouvons développer de nombreuses prises de conscience et qualités très utiles. Le fait de reconnaître notre propre vulnérabilité dissipe notre arrogance et notre orgueil. Le fait de comprendre que notre souffrance actuelle est un simple symptôme de notre présence dans le samsara nous permet de développer le renoncement. Par ailleurs, nous pouvons nous servir de notre propre souffrance pour comprendre celle de tous les êtres vivants. Après avoir appris à accepter patiemment notre propre souffrance, la compassion s'éveillera naturellement en nous si nous pensons à la souffrance de tous les autres êtres vivants piégés dans le samsara.

Le renoncement et la compassion sont deux des réalisations spirituelles les plus importantes et c'est notre souffrance qui nous permet d'atteindre ces réalisations. Les personnes qui n'apprennent pas à faire face courageusement à la vérité de la souffrance et à accepter patiemment leurs propres problèmes se sentiront non seulement impuissantes et malheureuses, mais se priveront également de l'opportunité de développer une quelconque réalisation spirituelle authentique.

La patience de penser au dharma quoi qu'il arrive

Lorsque nous pratiquons le dharma avec un esprit patient et joyeux, nous pratiquons la patience de penser au dharma quoi qu'il arrive. Cette patience est nécessaire parce qu'avoir un esprit impatient ou malheureux lorsque nous effectuons des pratiques spirituelles fera obstacle à notre progression spirituelle et nous empêchera d'améliorer notre sagesse. Même si certains aspects de notre pratique nous semblent difficiles, nous avons néanmoins besoin de pratiquer l'esprit joyeux.

Dans *Le Guide du mode de vie du bodhissattva,* Shantidéva explique cette patience sous un angle un peu différent. Selon cette explication, nous pratiquons la patience de penser au dharma quoi qu'il arrive lorsque nous utilisons notre compréhension des instructions profondes du dharma, par exemple les instructions sur la vacuité ou sur la relation dépendante, afin d'approfondir notre expérience de la patience.

Ce type de patience est important parce que la sagesse qui réalise la vacuité est la seule méthode directe permettant d'éradiquer nos perturbations mentales et notre souffrance. Si nous utilisons notre souffrance mentale et physique

La précieuse bannière de la victoire :
Soyez victorieux sur l'ennemi, vos perturbations mentales

comme une opportunité nous permettant d'améliorer notre compréhension de la vacuité, notre douleur deviendra non seulement beaucoup plus supportable, mais notre expérience de la vacuité s'approfondira aussi considérablement. Lorsque nous souffrons, notre saisie d'un soi se manifeste généralement plus fortement que d'habitude. De ce fait, notre saisie d'un soi est alors plus facile à identifier, ce qui aide notre méditation sur la vacuité à avoir un impact particulièrement profond sur notre esprit. Notre douleur nous oblige également à regarder plus attentivement les causes et la nature véritables de la douleur, nous entraînant de plus en plus profondément dans la vérité de la vacuité.

Lorsqu'une personne souffre d'une maladie comme le cancer, elle endure de grandes douleurs physiques. Qu'est ce qui a provoqué ces douleurs ? La maladie. Si une personne nous frappe sur la tête avec un bâton, une douleur se produit également. Qu'est ce qui a provoqué cette douleur ? La personne qui tient le bâton. Si nous ressentons de la douleur dans les deux cas, pourquoi nous mettons-nous plus facilement en colère contre la personne qui tient le bâton que contre la maladie ?

La réponse évidente est qu'il est inapproprié de nous mettre en colère contre une maladie parce qu'elle ne choisit pas de nous faire souffrir. Une maladie se manifeste simplement lorsque toutes les causes et conditions pour qu'elle se manifeste sont rassemblées ; ce n'est pas un agent indépendant qui choisit de nous faire du mal. De ce fait, il est clair que la colère n'est pas une réponse appropriée. Pourtant, si nous ne nous mettons pas en colère contre une maladie, nous ne devrions pas non plus nous mettre en colère contre une personne qui nous fait du mal. Pourquoi ? Parce qu'elle non plus n'est pas un agent libre et indépendant : elle agit entièrement sous l'emprise de ses perturbations mentales. Si nous devions nous mettre en colère contre quelque chose, nous devrions diriger notre colère contre ces perturbations mentales.

Nous ne choisissons pas de souffrir de maladie et, de même, la personne qui nous frappe ne choisit pas de souffrir de la maladie intérieure qu'est la colère. Nous pensons peut-être qu'il y a une différence entre notre maladie et la personne en colère, dans la mesure où notre maladie n'a pas le désir de nous faire du mal alors que notre ennemi a très certainement ce désir. Toutefois, ce que nous devons réaliser, c'est que la personne qui désire nous faire du mal le fait sans aucune liberté. Elle est complètement sous le contrôle de sa colère. Elle ne décide pas « Maintenant, je vais me mettre en colère » ; la colère se manifeste, simplement, et s'empare de son esprit sans qu'elle en ait le choix.

Les perturbations mentales, les non-vertus et les défauts se manifestent tous sous la force de conditions ; ils ne se régissent pas eux-mêmes. Les conditions réunies qui provoquent la souffrance ne pensent pas à produire la souffrance, et la souffrance qui en résulte ne pense pas non plus : « J'ai été produite par des conditions réunies. » Ainsi, la personne en colère, la colère elle-même et la souffrance qui en résulte n'ont pas la moindre existence indépendante ; elles existent uniquement en dépendance de leurs causes et conditions.

Toutes les choses, y compris nos états d'esprit, sont des manifestations dépendantes ; elles n'ont pas une nature indépendante, existante par elle-même, qui leur soit propre. Il est par conséquent absurde de réagir par la colère face à des personnes ou à des situations qui n'ont aucun choix lorsqu'elles nous font du mal. Si nous entraînons notre esprit à voir la nature interdépendante de tous les phénomènes, nous pourrons éliminer la cause d'une grande partie de notre colère.

Notre manière habituelle de voir, c'est qu'un agresseur existant intrinsèquement fait du mal à une victime existant intrinsèquement. Cette conception de la situation est complètement fausse. En réalité, l'agresseur et la victime sont interdépendants et entièrement dépourvus d'existence intrinsèque, indépendante. Si nous essayons d'isoler mentalement l'agresseur de tout le reste de manière à mettre le doigt sur une personne que nous puissions tenir pour responsable, nous n'y arriverons pas car l'agresseur n'a aucune existence indépendante des autres éléments de la situation. L'agresseur dépend de ses perturbations mentales et du karma de la victime qui a poussé l'agresseur à se comporter de cette manière à ce moment-là. Il dépend aussi des circonstances de la situation, de son passé personnel et familial, de la société dans laquelle il vit, de ses vies précédentes et du fait qu'il se trouve piégé dans un corps et un esprit samsariques. Lorsque nous cherchons l'agresseur de cette manière, il disparaît dans un réseau infini de relations, de causes et de conditions. Nous ne pouvons trouver aucune personne existant intrinsèquement à tenir pour responsable.

De la même manière, la perturbation mentale qui a motivé l'attaque, l'attaque elle-même, la victime et la souffrance de la victime sont toutes totalement introuvables. Si une personne nous attaque, nous ressentons fortement que nous sommes une victime, mais si nous recherchons cette victime en analysant les choses, en essayant de l'isoler de tout le reste, nous ne trouverons rien. Il n'y a rien, aucune victime à laquelle nous puissions nous accrocher ; là où nous nous attendions à trouver une victime existant intrinsèquement, nous découvrons une vacuité qui est la non-existence totale de cette victime. La victime est simplement une étiquette, un terme utilisé dans la description conventionnelle de l'événement, qui existe en lien avec tous les autres termes mais qui ne fait référence à rien de réel et de trouvable. Lorsque nous analysons la situation de cette manière, nous découvrons qu'il n'y a personne à tenir pour responsable et personne sur qui se lamenter. Tout disparaît dans une vacuité égale et indifférenciée, qui est la vraie nature de toute chose.

Il est également très utile d'examiner la véritable nature de notre douleur. Qu'est-ce que la douleur, précisément ? Où se situe-t-elle ? De quoi est-elle faite ? D'où vient-elle ? Où va-t-elle ? Quelle relation a-t-elle avec nous, la personne qui souffre, ou avec l'esprit qui se pose ces questions ? Très naturellement, la douleur nous semble être une chose solide et une réalité indéniable (quelque chose existant intrinsèquement) mais, lorsque nous la recherchons en analysant, en essayant d'isoler mentalement cette douleur de tout ce qui n'est pas douleur, nous sommes incapables de la trouver. La douleur n'a aucune existence concrète, indépendante. Cette absence d'existence intrinsèque, ou vacuité, est la véritable nature de la douleur. Dans la vacuité, il n'y a aucune douleur. La douleur est simplement une apparence à l'esprit, existant uniquement pour un esprit qui ne voit pas sa véritable nature. Dans un désert, un mirage disparaît lorsque nous le recherchons et, de la même manière, la douleur cesse également d'exister lorsque nous découvrons sa véritable nature.

Tout effet provient de causes, et ces causes proviennent également de causes qui les précèdent. Puisque toutes ces causes et tous ces effets se manifestent en dépendance d'autres causes et d'autres conditions, tous sont totalement dépourvus de toute existence indépendante, intrinsèque. Toutes les choses semblent exister de leur propre côté, mais en réalité toutes sont semblables à des illusions. Si nous pouvons nous souvenir de regarder les choses sous cet angle chaque fois que des difficultés surviennent, notre colère, et en fait toutes nos perturbations mentales, s'évanouiront. Le fait de maintenir de telles pensées dans notre esprit lorsque nous rencontrons des situations qui provoquent la colère fait partie de la pratique de la patience de penser au dharma quoi qu'il arrive.

L'argument suivant pourrait être avancé : *si tout est semblable à une illusion, alors qui est la personne ici ayant la nécessité de se refréner et quelle colère cette personne refrène-t-elle ? Une telle retenue serait inappropriée dans un monde d'illusions.* Il s'agit là d'une mauvaise compréhension des choses. Les choses sont semblables à des illusions dans la mesure où elles n'ont aucune existence en elles-mêmes, mais la souffrance est néanmoins ressentie. Pouvoir surmonter cette souffrance dépend de l'effort fourni pour maîtriser nos perturbations mentales comme la colère. Bien que les choses soient dépourvues d'existence indépendante (en réalité, parce qu'elles sont dépourvues d'existence indépendante), le principe des causes et des effets fonctionne de sorte que les actions non vertueuses amènent des résultats douloureux et que les actions vertueuses amènent des résultats bénéfiques. Il n'est donc jamais approprié de nous laisser aller à la colère car celle-ci sème uniquement les graines de malheurs futurs.

Lorsque nous sommes sur le point de nous mettre en colère, nous analysons la situation. Nous pouvons nous demander : « Qui est là pour se mettre en colère ? Qui est là pour refréner la colère, et quelle colère refrène-t-il ». De cette manière, nous découvrirons qu'en réalité, il n'y a personne pour se mettre en colère et aucune colère à refréner. En résultat, notre colère disparaîtra. Ultimement, il n'y a aucune colère, aucun objet de colère et aucune personne qui se met en colère. Toutefois, conventionnellement, la colère existe et produit de la souffrance ; elle a donc besoin d'être refrénée.

En résumé, chaque fois que quelqu'un nous fait du mal, nous pensons : « Cette personne me fait du mal uniquement à cause de sa perturbation mentale ; elle n'agit pas librement ». Si nous arrivons ainsi à réaliser que toutes les choses se manifestent à partir de causes et de conditions, nous pouvons empêcher la colère de se produire et toujours rester dans un état d'esprit heureux, quoi qu'il arrive.

Si toutes les choses qui se produisent le faisaient de leur propre choix, libre et indépendant, les êtres sensibles n'auraient jamais à ressentir de souffrances, parce que personne ne choisirait de souffrir et tout le monde choisirait d'être heureux tout le temps. Il est clair qu'il doit y avoir une autre explication à la raison de notre souffrance. Nous souffrons, non pas parce que nous avons choisi de souffrir, mais parce que notre esprit est contrôlé par l'ignorance de la saisie d'un soi. Depuis des temps sans commencement, notre esprit a été gouverné par la saisie d'un soi, qui nous empêche de voir les choses telles qu'elles sont réellement et nous pousse à effectuer toutes sortes d'actions malhabiles et inappropriées. C'est à cause de cela que les êtres sensibles souffrent et font souffrir les autres, et non pas parce qu'ils l'ont choisi librement. Lorsque nous comprendrons profondément cela, nous ne ressentirons jamais de colère à l'égard des êtres sensibles. La compassion remplacera la colère et elle se manifestera naturellement dans notre cœur.

La précieuse roue du dharma :
Aidez les autres en tournant la roue du dharma

Apprendre à ne pas riposter

Nous avons déjà présenté les nombreux défauts visibles et invisibles de la colère, mais comment arrêter de vouloir riposter, de vouloir nous venger, lorsqu'une personne nous fait du mal ? La meilleure manière de surmonter notre désir instinctif de riposter est de combiner l'acceptation patiente à la compassion. Ainsi, lorsqu'une personne nous fait du mal, nous pensons non seulement « Cette personne me fait du mal uniquement parce qu'elle est perturbée », mais également « Elle se fait du mal à elle aussi ». En entraînant notre esprit à voir les choses de cette manière, la compassion naîtra spontanément en nous et tout élan de colère et envie de riposte disparaîtra.

Les gens se font eux-mêmes du mal de façon multiple et variée. La quête d'un partenaire sexuel, de richesse ou d'une bonne position sociale est si obsédante pour certaines personnes qu'elles se privent de nourriture presque jusqu'au point de mourir de faim. Submergées par la convoitise ou par la colère, certaines personnes vont même jusqu'à assassiner leurs parents, détruisant par là même tout espoir d'avoir une vie heureuse. En regardant autour de nous ou en lisant le journal, nous pouvons voir d'innombrables exemples de personnes qui, sous l'influence de leurs perturbations mentales, s'infligent des souffrances effroyables.

Les perturbations mentales sont absolument impitoyables et n'apportent rien de bon à personne, moins encore à ceux qui tombent sous leur contrôle. Lorsque nous pensons au mal immédiat et futur que ces perturbations mentales infligent à ces personnes, nous pouvons mieux comprendre pourquoi, souvent, elles nous font aussi du mal. Si nous contemplons profondément cela, nous surmonterons non seulement notre envie de riposter et de nous venger, mais nous serons également capables de faire naître en nous de la compassion pour ceux qui nous font du mal.

Sous l'influence de la colère, une personne qui habituellement se chérit plus que toute autre chose au monde est même capable de se suicider. Si la force de ses perturbations mentales peut la conduire à prendre de telles mesures de désespoir, nous pouvons certainement comprendre comment cela peut la pousser à faire du mal aux autres. La colère peut priver une personne de sa liberté d'action à un point si total qu'il n'est pas raisonnable de témoigner de l'hostilité envers quiconque se trouvant sous son influence. Si nous ne pouvons pas avoir de compassion envers cette personne malheureuse, nous essayons au moins de nous abstenir de nous mettre en colère contre elle.

La capacité de rester complètement imperturbable dans des situations de grande provocation et de ressentir une compassion authentique à l'égard de ceux qui essaient délibérément de nous faire du mal est un signe de réalisations spirituelles élevées, et le résultat d'une longue préparation mentale. Il est irréaliste d'espérer pouvoir devenir immédiatement comme cela, mais si nous utilisons toutes les occasions dans notre vie quotidienne pour entraîner notre esprit avec les méthodes permettant de contrôler la colère présentées plus loin, notre patience s'améliorera progressivement. Par moments bien sûr, nos anciennes habitudes de colère reprendront le dessus, mais cela ne doit pas nous décourager. Si nous persévérons, il est certain que nous arriverons, petit à petit, à contrôler notre colère. Enfin, nous atteindrons le point où nous n'aurons plus aucun effort à faire pour ne pas nous mettre en colère : la colère ne sera tout simplement plus la réponse naturelle à la difficulté ou à la provocation.

La première chose à faire est de nous rappeler continuellement que la colère est le principal ennemi de tout le monde. La colère n'est l'amie de personne. Notre colère ne nous aide jamais et la colère des autres ne les aide jamais. La seule chose que fait la colère, c'est détruire nos vertus et celles des autres, et elle n'apporte que du malheur. L'un des effets d'agir par colère est qu'à l'avenir notre corps sera laid, que notre renaissance soit humaine ou sous une autre forme. Certaines personnes et certains animaux font instinctivement naître la peur et le dégoût chez les autres. Le fait de renaître sous une forme aussi repoussante, de ne pas être aimé des autres et d'avoir un tempérament prompt à la colère sont les résultats karmiques d'un esprit de colère. À l'inverse, un corps attirant et une apparence agréable sont les résultats karmiques de la pratique de la patience.

Après avoir reconnu que la colère est notre ennemi principal, nous prenons la ferme décision de ne pas lui permettre de se manifester. Nous nous rappelons cette décision dans notre vie quotidienne et cessons de nous mettre en colère. Cela semble plus facile à dire qu'à faire, mais si nous prenons maintenant la ferme décision de ne pas nous mettre en colère pour le restant de la journée, ou au moins jusqu'au prochain repas, nous avons toutes les chances de réussir. Ensuite, si nous parvenons à le faire pendant une journée, nous pourrons le faire pendant deux jours, puis trois, puis une semaine, etc., et finalement pour le reste de notre vie. Abandonner notre colère est une grande tâche, mais cela n'est pas si difficile si nous l'accomplissons pas à pas, et les tendances à la colère dans notre esprit s'affaibliront progressivement.

Lorsqu'une personne nous blesse, nous examinons si faire du mal est dans sa nature essentielle, ou bien si c'est juste un défaut temporaire. S'il était vrai que faire du mal était dans la nature même de cette personne, nous n'aurions vraiment aucune raison de nous mettre en colère contre elle. Nous n'en voulons pas au feu lorsqu'il nous brûle parce nous savons que sa nature même, c'est de brûler. De la même manière, si la nature même de la personne est de faire du mal, elle ne peut rien y faire et il ne sert donc à rien de nous mettre en colère contre elle.

D'un autre côté, si le caractère nuisible de notre agresseur est juste un défaut temporaire, qui se manifeste en réponse à des circonstances changeantes, il n'y a pas non plus de raisons de nous mettre en colère contre lui. Lorsque trop de pluie tombe du ciel, nous ne nous mettons pas en colère contre le ciel parce que nous réalisons que la pluie ne fait pas partie de sa nature essentielle. La pluie tombe du ciel uniquement en résultat de circonstances temporaires comme la température, l'humidité et la pression de l'air. Par conséquent, si le caractère nuisible de notre agresseur ne fait pas partie de sa nature essentielle, à qui la faute s'il nous fait du mal ? C'est la faute de sa perturbation mentale.

Imaginons qu'un homme en colère ramasse un bâton et nous frappe. Il semble parfaitement juste de nous mettre en colère contre cet homme puisque, après tout c'est lui qui nous a fait mal. Maintenant supposons qu'un ami essaie de nous retenir en disant : « Ne te mets pas en colère contre cet homme, mets-toi en colère contre le bâton ! C'est le bâton qui a été la cause immédiate de ta douleur. » Il est peu probable qu'un tel argument nous convaincrait. Il est presque certain que nous répondrions : « Le bâton ne m'a pas frappé de lui-même. Sans l'homme pour le brandir, il n'aurait eu aucun pouvoir de me faire du mal. C'est contre l'homme que je dois être en colère. »

Si ce raisonnement nous empêche de nous mettre en colère contre le bâton, nous avons besoin de l'appliquer aussi à l'homme. L'homme a été manipulé par sa colère, exactement de la même manière que le bâton a été manipulé par l'homme. N'ayant pratiquement aucun contrôle sur son esprit, l'homme était à la merci de ses perturbations mentales. Par conséquent, si le fait d'être frappés devait déclencher de la colère en nous, nous devrions diriger notre courroux contre la véritable cause de notre douleur : la perturbation mentale, la colère elle-même. Une fois que nous avons clairement fait la différence entre la personne et ses perturbations mentales, et reconnu que la personne est victime de ses perturbations mentales, le courroux dirigé contre les perturbations mentales de cette personne n'est pas en réalité de la colère mais une forme de compassion énergique. Notre souhait est de protéger la personne de son ennemi intérieur, la colère, et nous utilisons tous les moyens dont nous disposons, doux ou énergiques, pour la libérer de cette perturbation mentale.

Il est important de comprendre que lorsque nous pratiquons la patience de ne pas riposter, nous nous intéressons principalement à nos propres réactions mentales intérieures face aux expériences de douleur et d'inconfort. Nous ne sommes nullement encouragés à nous laisser frapper ou blesser en restant passifs dans le seul but de pratiquer la patience. Si nous avons un moyen d'empêcher une personne de nous faire du mal et par là même de se faire du mal, alors bien sûr nous utilisons ce moyen. Mais ici, la question est la suivante : « Que faire avec mon esprit lorsque j'ai déjà été blessé ? » Toute la pratique de la patience, et en fait la totalité des enseignements de Bouddha, ont pour but de protéger l'esprit. Ultimement, c'est notre esprit qui détermine si nous sommes heureux ou malheureux.

Une autre méthode puissante pour surmonter la colère et le désir de riposter est de voir toute situation indésirable comme un reflet de nos propres défauts et imperfections. Si par exemple une personne nous insulte, nous pouvons nous souvenir des enseignements sur le karma et penser « Je ne serais pas en train de souffrir maintenant de cela si dans le passé je n'avais pas insulté quelqu'un de la même manière. » Nous pouvons utiliser la même approche face à la maladie, aux blessures ou à tout autre problème. Notre capacité à penser de cette manière dépend de notre compréhension et de notre familiarité avec les enseignements sur la loi du karma. Une fois que nous avons une ferme conviction en la loi du karma, réalisant que nous récoltons toujours les résultats de nos propres actions (nous recevons le bien pour le bien, et le mal pour le mal), nous sommes en mesure de demeurer intérieurement paisibles et calmes même dans les circonstances les plus adverses. Nous pouvons voir le mal qui nous est fait avec un sentiment de soulagement, en considérant notre douleur comme le remboursement d'une dette ancienne. Cette manière de penser est certainement préférable à se mettre en colère et être contrarié (ce qui n'engendrerait que de nouvelles dettes à régler plus tard sous forme de douleurs et d'angoisses supplémentaires).

Shantidéva suggère de nous souvenir que, chaque fois qu'une personne nous fait mal physiquement, la souffrance que nous éprouvons a deux causes immédiates : l'arme utilisée contre nous et notre propre corps. Puisque c'est uniquement lorsque ces deux facteurs se rencontrent que la souffrance se manifeste, contre lequel devrions-nous diriger notre colère ? Si nous la dirigeons contre notre agresseur ou contre l'arme utilisée, pourquoi ne pas la diriger de la même manière contre notre propre corps ? À l'inverse, si nous ne dirigeons jamais notre colère contre notre propre corps, pourquoi la diriger contre notre agresseur et contre son arme ?

Pour que cet argument ait un sens, nous avons besoin de comprendre comment il se fait que nous ayons un corps qui soit si facilement blessable et si souvent sujet à l'inconfort et à la douleur. Notre corps humain est décrit comme étant un « corps contaminé » parce qu'il est le résultat de causes contaminées. Dans des vies précédentes, par manque de sagesse et sous l'influence de l'ignorance de la saisie d'un soi et de l'avidité, nous avons créé le karma qui nous a fait prendre notre corps humain contaminé actuel. C'est dans la nature d'un corps contaminé de donner naissance à la souffrance, tout comme c'est dans la nature d'une vieille voiture d'avoir des problèmes. Une fois que nous avons un corps contaminé, la souffrance physique est inévitable. Si nous désirons éviter la souffrance physique à l'avenir, nous avons besoin de créer le karma pour avoir un corps pur non contaminé. Un corps contaminé provient d'un karma impur créé par l'ignorance de la saisie d'un soi et, de même, un corps non contaminé provient d'un karma pur créé à l'intérieur d'une réalisation directe du non-soi. Nous avons toutefois besoin d'accepter que la souffrance physique est inévitable jusqu'au moment où nous aurons un corps non contaminé. Au lieu de tenir les conditions temporaires comme les épines ou les armes pour responsables de la cause de notre douleur, nous reconnaissons que ce corps contaminé, que nous avons pris en résultat de nos propres actions passées, est à la base de toutes nos sensations d'inconfort et de toutes nos douleurs physiques.

Nous désirons tous être heureux et être libérés de la souffrance mais, contrôlés par nos perturbations mentales (l'attachement, la colère, etc.), cela ne nous soucie pas de créer les causes qui conduisent à la souffrance. Tout le mal que nous recevons est le résultat d'actions perturbées que nous avons nous-mêmes créées ; il est donc totalement inapproprié de faire porter aux autres la responsabilité de ces souffrances. Quelle raison y a-t-il alors de nous mettre en colère ?

Toutes les souffrances du samsara, même celles de l'enfer le plus profond, sont produites par nos propres actions. Les tourments de l'enfer ne sont pas des punitions imposées de l'extérieur par un dieu ou par un démon, mais sont la création d'états d'esprit violemment perturbés chez ceux qui souffrent de ces tourments. De la même manière, la souffrance que nous ressentons actuellement ne nous est pas imposée de l'extérieur, c'est uniquement le résultat de notre propre karma négatif. Même lorsqu'une personne nous attaque, c'est notre karma qui pousse cette personne à agir ainsi. L'autre personne est simplement l'instrument de notre karma ; si la souffrance ne nous avait pas atteints par le biais de cette personne, il est certain qu'elle nous aurait atteints d'une autre manière. Les autres personnes ne sont pas à tenir pour responsables de notre souffrance. Nos propres perturbations mentales et nos propres actions négatives sont les seules responsables. Si nous désirons éviter de connaître des souffrances insoutenables, la seule manière d'agir qui convienne est d'abandonner toutes nos perturbations mentales et tous nos défauts au cours de cette vie-ci. À partir du moment où nous parvenons à contrôler notre esprit de cette manière, il n'y a rien à craindre dans le samsara.

Nous avons besoin de faire attention à ne pas mal interpréter cet enseignement qui accuse nos perturbations mentales. Il est nécessaire de tenir nos perturbations mentales et nos actions négatives pour responsables de tout ce qui va mal dans notre vie, mais cela ne signifie pas que nous sommes nous-mêmes à tenir pour responsables. Nous sommes victimes de nos perturbations mentales, et il est injuste de tenir la victime pour responsable des défauts de son agresseur. Par exemple, si une personne nous vole, c'est le résultat karmique d'avoir volé dans une vie précédente ; c'est donc la faute de nos perturbations mentales et de nos actions perturbées, mais ce n'est clairement pas la faute de la personne que nous sommes maintenant. Ce n'est même pas la faute de la personne que nous étions alors, parce que cette personne agissait uniquement sous le contrôle de ses perturbations mentales. Nous en vouloir pour les problèmes et les souffrances que nous connaissons actuellement n'a aucun sens. Toutefois, même si le fait que nous éprouvions de la souffrance n'est pas notre faute, nous avons néanmoins la responsabilité d'accepter les conséquences désagréables de nos actions négatives passées et de faire face à ces conséquences désagréables de manière constructive.

Une autre manière de nous aider à surmonter notre désir de riposter et de nous venger est d'examiner attentivement qui souffre effectivement et qui retire des bienfaits lorsqu'une personne nous fait du mal. Lorsqu'une personne se met en colère contre nous et nous fait du mal, nous sommes l'objet provoquant sa colère. Si nous n'avions pas été là, sa colère ne se serait pas produite. Pourquoi cette personne s'est-elle mise en colère contre nous ? Il est rare que quelqu'un se mette subitement en colère contre nous, sans raison. Presque toujours, nous avons fait quelque chose qui l'a offensée et cela a servi de condition immédiate pour déclencher sa colère. Et même si nous n'avons rien fait, à un niveau plus profond, c'est le mûrissement d'un karma négatif passé qui crée la situation dans laquelle il est naturel qu'elle se mette en colère contre nous et nous fasse du mal. Le mal que nous éprouvons est donc le mûrissement de nos propres actions passées et non pas la faute de l'autre personne ; nous devrions donc accepter patiemment ce mal. En agissant ainsi, non seulement nous resterons paisibles maintenant, mais nous serons également libérés de ce karma négatif spécifique. En fait, l'autre personne nous a aidés à purifier notre karma négatif, et également à créer le karma immensément positif de l'acceptation patiente. En voyant les choses sous cet angle, il est possible de voir la personne qui nous a blessés comme la source de notre bonheur. Si nous sortons de notre point de vue étriqué et regardons ce qui se passe effectivement de manière globale, nous comprendrons que ces actions blessantes peuvent en fait être pour nous une source de grands bienfaits.

Quant à notre agresseur, que gagne-t-il à se mettre en colère et à nous faire du mal ? Puisque nous lui avons fourni un objet pour sa colère, il rencontrera le malheur dans cette vie-ci et plantera les graines d'une renaissance inférieure future. En réalité donc, nous lui avons fait du mal et il nous a rendu service ! S'il en est ainsi, pourquoi nous mettre en colère contre lui ? En nous faisant du mal, il nous a permis de pratiquer la patience, il nous a aidé à purifier notre négativité passée et à créer un grand mérite. D'un autre côté, qu'avons-nous fait pour lui ? En lui servant d'objet de colère, nous lui avons permis de créer beaucoup de non-vertus, l'entraînant vers les règnes inférieurs. Nous mettre en colère contre ce bienfaiteur infortuné au destin malheureux est assurément le comportement d'un esprit confus !

Si notre vrai but dans la vie est la paix et la joie éternelles de la libération et de la pleine illumination, alors la richesse matérielle a peu d'importance. Seule la richesse intérieure de la vertu importe véritablement. L'ennemi qui nous permet de pratiquer la patience et d'accumuler ainsi une richesse inépuisable de vertu est un trésor d'une valeur inestimable. Sans lui, comment pourrions-nous développer l'esprit vertueux de la patience ? Chaque fois qu'une personne nous fait du mal, nous maltraite, nous critique etc., l'opportunité pour créer une richesse intérieure considérable se manifeste. Nous avons donc besoin de voir la personne qui nous fait du mal pour ce qu'elle est réellement : un allié et un bienfaiteur qui accomplit tous nos souhaits.

La pratique de ne pas riposter va à l'encontre de nos comportements habituels, si profondément enracinés en nous. Il n'est donc pas surprenant que notre esprit formule beaucoup d'objections. Shantidéva anticipe et répond à certaines de ces objections de la manière suivante :

Même si je pratique la patience lorsqu'une personne me fait du mal, ne vais-je pas renaître dans les règnes inférieurs pour avoir agi en tant qu'objet de sa colère ?
La réponse est non. Si nous contemplons la manière dont un ennemi nous aide et si nous pratiquons la patience en acceptant le mal qu'il nous fait, nous n'accumulerons pas la moindre non-vertu. Puisque nous n'avons créé aucune cause non vertueuse, nous n'éprouverons pas les souffrances qui en résultent.

Dans ce cas-là, la personne qui me fait du mal n'éprouvera pas, elle non plus, de souffrance résultant de son action, puisqu'elle a créé les circonstances favorables à ma pratique de la patience.
C'est également faux. Seule la personne qui a effectué l'action peut en éprouver les résultats karmiques. Il est impossible que la personne qui nous fait du mal reçoive le fruit de notre pratique vertueuse de la patience. Les actions de cette personne n'étant pas vertueuses, comment pourrait-elle en obtenir un résultat heureux ?

Alors, si une personne me fait du mal, la meilleure chose à faire serait peut-être de riposter parce qu'à ce moment-là je serais pour elle l'objet de sa patience et je lui rendrais donc service ?
Cette idée est incorrecte pour plusieurs raisons. Premièrement, si nous ripostons au mal qui nous est fait, nous affecterons notre propre développement spirituel, en affaiblissant notre bodhitchitta et en faisant dégénérer notre pratique de la patience. Deuxièmement, il n'y a absolument aucune certitude que notre adversaire pratiquera la patience si nous ripostons au mal reçu. Puisqu'il est déjà dans une dynamique de colère, il est beaucoup plus probable que sa seule réaction soit davantage de colère. Et même s'il pratiquait la patience, cela n'empêcherait pas notre propre pratique spirituelle de dégénérer.

J'ai une bonne raison de me mettre en colère et de riposter lorsqu'une personne blesse mon corps. Mon corps ressent la souffrance, et puisque mon esprit tient fermement à ce corps qu'il considère comme le sien, il est donc approprié que mon esprit soit contrarié et désire riposter.
Ce raisonnement est illogique. Si c'était vrai, alors pourquoi nous mettons-nous en colère lorsqu'une personne nous parle durement ? Des mots creux et déplaisants n'ont pas de leur propre côté le pouvoir de blesser notre corps ou notre esprit, alors pourquoi désirons-nous riposter ?

Je riposte parce qu'en entendant ces paroles blessantes et calomnieuses, les autres en viendront à me détester.
Même s'il en était ainsi, l'aversion qu'ils pourraient ressentir à notre égard n'a absolument aucun pouvoir de nous faire du mal, que ce soit dans cette vie-ci ou dans des vies futures. Il n'y a donc aucune raison d'être contrarié.

Si les gens ne m'aiment pas et si j'ai une mauvaise réputation, cela m'empêchera d'avoir une bonne situation et de m'enrichir. Pour éviter cela, je dois absolument riposter au mal qui m'est fait.
Si nous ripostons au mal qui nous est fait et abandonnons la pratique de la patience, nous créerons des obstacles plus grands encore à notre quête d'une bonne situation sociale et de richesse. La pratique de la patience n'entrave jamais ces accomplissements ; elle nous aide au contraire à y parvenir. Si nous ne ripostons pas au mal qui nous est fait, nous aurons naturellement une bonne réputation, une situation respectée et de la richesse, soit dans cette vie-ci, soit dans des vies futures.

Par ailleurs, il n'y a absolument aucun intérêt à faire naître en nous de la colère dans notre quête de biens matériels : tout ce que nous pouvons acquérir, quelle qu'en soit la quantité, sera laissé derrière nous au moment de notre mort. Les empreintes de la colère que nous avons placées sur notre conscience seront la seule chose qui restera et qui nous accompagnera dans le futur. Il est bien préférable de mourir aujourd'hui plutôt que de vivre une longue vie remplie d'actions négatives.

Peu importe la durée de notre vie, il est certain que nous allons tous mourir un jour. Si une personne rêve qu'elle jouit de cent années de bonheur et qu'une autre rêve qu'elle jouit d'un instant de bonheur, à leur réveil, ces deux expériences de rêve reviennent au même : il ne restera rien, ni de l'une, ni de l'autre. De la même manière, avoir une vie longue et agréable ou une vie courte et difficile revient au même au moment de notre mort : la seule chose qui nous aidera sera la force de nos actions vertueuses. Peut-être aurons-nous eu une vie longue et bien remplie, et aurons profité de toutes les richesses et de tous les plaisirs que ce monde peut offrir mais, quand la mort arrivera, nous serons comme dépouillés par un voleur. Nous partirons vers le futur, nus et les mains vides.

N'est-il pas important pour moi d'acquérir maintenant des biens matériels afin de pouvoir subvenir à mes besoins et d'avoir ainsi la possibilité de purifier mes négativités et d'accumuler du mérite ?
Il a déjà été dit que si dans notre quête de richesses matérielles, nous passons notre vie à commettre des actions non vertueuses, laissant ainsi nos qualités vertueuses dégénérer, il n'y a absolument aucun intérêt à vivre longtemps.

Je n'ai peut-être pas besoin de riposter si une personne m'empêche d'accumuler de la richesse matérielle, mais si elle porte atteinte à ma réputation, j'ai sûrement besoin de riposter, sinon ceux qui croient en moi perdront leur foi.
Mais si nous ripostons lorsque nous sommes agressés verbalement, pourquoi ne ripostons-nous pas lorsqu'une autre personne est l'objet d'une agression verbale, puisque les autres pourraient aussi perdre la foi qu'ils ont en cette personne ? Être patients lorsqu'une autre personne est agressée et être impatients lorsque nous sommes l'objet d'une agression n'a aucun sens. Toute agression provient de conceptions incorrectes et il n'y a donc aucune raison d'y répondre par la colère. Par ailleurs, pensons-nous vraiment que le fait de nous voir riposter fera grandir la foi que les autres ont en nous ?

Je peux peut-être pratiquer la patience si je suis le seul à être l'objet de l'agression, mais si une personne agresse les trois joyaux,

alors en tant que bouddhiste j'ai certainement besoin de riposter. Il n'y a certainement aucun tort à cela !
Les bouddhas sont complètement au-delà de tout mal, il est donc inapproprié de faire naître en nous de la colère envers quelqu'un, même si cette personne insulte les trois joyaux, détruit des images saintes ou dénigre le dharma d'une manière ou d'une autre. Il est clair qu'une personne qui commet de telles actions insensées est forcément complètement sous l'emprise de ses perturbations mentales. Cet être impuissant devrait être l'objet de notre compassion, pas de notre colère.

Même si une personne fait du mal à ceux qui nous sont proches, par exemple notre guide spirituel, notre famille ou nos amis, il est là encore important de nous abstenir de riposter ou de nous mettre en colère. Il importe de réaliser que tout ce mal est le mûrissement d'actions passées. Bien sûr, il nous faut essayer d'empêcher les autres de faire du mal si nous en avons le pouvoir, mais nous faisons cela par amour et par compassion, et non pas sous l'emprise de la colère. Pratiquer la patience ne veut pas dire laisser les autres commettre des actions non vertueuses sans intervenir ; cela veut seulement dire que nous protégeons notre propre esprit de la perturbation mentale qu'est la colère.

Le mal que nous recevons provient de deux sources : d'objets animés et d'objets inanimés. Alors, pourquoi notre colère se manifeste-t-elle particulièrement contre les objets animés ? Si nous sommes patients avec un type de mal, nous pouvons certainement apprendre à être patients avec l'autre. De plus, si une personne fait du mal à quelqu'un d'autre par ignorance, et que l'autre personne se met en colère contre la première par ignorance, qui est fautif et qui ne l'est pas ?

Les deux actions, agresser une personne sous l'emprise de la colère et répondre à l'agression en ripostant avec colère, se manifestent à partir de la confusion de l'ignorance. Ainsi, dans les deux cas, il est illogique de répondre par la colère.

Tout ce que nous connaissons dépend de causes et de conditions. Notre adversaire et nous-mêmes avons créé le karma pour être en interaction de cette façon. La situation n'est donc pas celle d'un agresseur coupable qui fait du mal à une victime innocente, car agresseur et victime sont tous deux pris dans le même scénario karmique malheureux. Nous n'avons donc jamais de bonnes raisons d'être malveillants envers nos ennemis. Après avoir perçu cette vérité, il est important que nous agissions pour le bonheur de chacun et fassions naître en nous le désir que tous les êtres vivants apprennent à vivre en harmonie, en ayant de l'amour les uns pour les autres.

L'attachement aux personnes que nous aimons est une cause habituelle de notre colère, parce que souvent nous ripostons en leur nom. Si une maison est en flammes, les herbes sèches tout autour peuvent facilement permettre la propagation du feu à d'autres habitations. Le feu consume alors ces habitations et tout ce qu'elles contiennent. De manière semblable, lorsque les personnes auxquelles nous nous accrochons sont maltraitées, l'herbe sèche de l'attachement fait parvenir leurs maux jusqu'à nous et allume en nous le feu de la colère, qui consume alors notre précieuse réserve de mérite. Pour empêcher cela, nous avons besoin de ne pas créer d'objets d'attachement.

Dans le samsara, toutes les rencontres mènent à la séparation et tout ce qui est réuni finira par être déchiré. Nous finirons par être séparés de notre famille et de nos amis, que nous y soyons attachés ou non, soit avant notre mort, soit au moment de notre mort. Puisque la séparation fait inévitablement partie d'une renaissance humaine samsarique, il est important de nous préparer à l'accepter. Dans *Le Guide du mode de vie du bodhissattva,* Shantidéva donne l'exemple d'un prisonnier sur le point d'être exécuté mais qui, grâce à l'intervention d'autres personnes, est gracié et condamné à la place à avoir une main coupée. Bien qu'il soit obligé d'endurer la souffrance de perdre une main, il est certain qu'il se réjouira d'avoir la vie sauve et qu'il se sentira très chanceux. De la même manière, une personne qui connaît les souffrances du règne des êtres humains, par exemple la souffrance d'être séparé d'objets d'attachement, devrait se considérer très chanceuse que les tourments bien pires des règnes inférieurs lui soient épargnés.

Abandonner les objets d'attachement signifie que nous abandonnons une perturbation mentale : l'attachement que nous avons dans notre esprit pour notre famille et nos amis. Cela ne signifie pas que nous abandonnons nos relations avec les êtres que nous aimons ou que nous refusons de les aider lorsqu'ils ont des difficultés. De manière générale, il est important de maintenir et d'améliorer nos relations avec nos proches, mais nous mettre en colère en leur nom ne sert à rien. Lorsque nous sommes attachés à une personne, nous avons besoin d'elle pour nous rendre heureux ; mais lorsqu'elle souffre ou qu'elle a des difficultés, elle ne joue pas bien son rôle de nous apporter le bonheur que nous attendons d'elle. C'est la raison pour laquelle nous nous mettons en colère lorsqu'on lui fait du mal. À l'inverse, l'amour pur, non mélangé à l'attachement, ne conduit pas à la colère. Lorsqu'une personne que nous aimons, mais pour qui nous n'avons aucun attachement, est blessée, un désir puissant de la protéger et de l'aider naît dans notre cœur, mais nous ne sentons aucune colère envers son agresseur. Nous prenons toutes les mesures pratiques possibles pour défendre notre ami, mais n'avons absolument aucun désir de faire souffrir son agresseur. Par conséquent, ce que nous avons besoin de faire, c'est abandonner notre attachement pour les êtres que nous aimons, mais jamais notre amour.

Même si je peux apprendre à supporter les souffrances de la séparation, je ne peux pas supporter les douleurs de l'insulte et de la calomnie !

Si nous ne pouvons pas supporter cette souffrance relativement légère, comment pourrons-nous jamais endurer les souffrances insoutenables des règnes inférieurs ? Et si nous ne pouvons pas supporter les souffrances des règnes inférieurs, pourquoi continuons-nous à nous mettre en colère, créant ainsi les causes de telles renaissances malheureuses ? Dans le passé, en raison de notre confusion au sujet de la loi du karma, et des poisons de la colère et de l'attachement qui contaminaient notre esprit, nous avons enduré d'immenses souffrances dans ces règnes, mais aucune de ces souffrances ne nous a apporté le moindre bienfait. Maintenant que nous avons cette précieuse vie humaine, nous avons l'opportunité unique de donner du sens à notre souffrance en la transformant en voie spirituelle. En acceptant la souffrance comparativement insignifiante que nous connaissons dans le règne des êtres humains et en utilisant cette souffrance pour faire grandir notre renoncement, notre compassion et d'autres réalisations spirituelles, nous pouvons rapidement atteindre le bonheur suprême de la pleine illumination et devenir vraiment utiles à tous les êtres vivants. En prenant conscience de cela, nous acceptons de bon gré, l'esprit heureux et serein, toute épreuve que nous sommes susceptibles de rencontrer.

La colère est souvent liée à la jalousie et nous avons donc besoin d'essayer de surmonter ces deux perturbations mentales. Si un rival reçoit des compliments ou connaît le succès, il est très facile de ressentir de la jalousie. Mais pourquoi le bonheur de quelqu'un d'autre devrait-il nous rendre malheureux ? Si nous sortons un moment de notre point de vue égocentrique et que nous nous mettons à la place de l'autre, au lieu de ressentir la douleur de la jalousie, nous pouvons nous réjouir et partager son bonheur.

Lorsqu'une personne envieuse voit des signes de réussite et de chance chez les autres, son cœur est transpercé par la jalousie ; mais la personne qui a appris à se réjouir de l'heureux destin des autres n'éprouve que du bonheur. Voir la belle maison ou le partenaire séduisant d'un autre rend cette personne instantanément heureuse ; le fait que cela ne soit pas à elle n'a rien à voir avec la situation. Lorsqu'elle voit un collègue qui est félicité ou promu, ou encore lorsqu'elle rencontre quelqu'un de plus intelligent, de plus élégant ou qui réussit mieux qu'elle, cette personne partage simplement le bonheur de l'autre plutôt que de se voir rappeler immédiatement ses propres insuffisances.

Nous réjouir du bonheur ou des qualités des autres est l'un des états d'esprits vertueux les plus purs, parce que cet esprit n'est pas souillé par la préoccupation de soi. Lorsque nous pratiquons le don par exemple, il est possible que nous espérions quelque chose en retour (la gratitude, le fait d'être apprécié ou d'être considéré comme une personne généreuse), mais lorsque nous nous réjouissons du bonheur des autres, nous n'attendons rien en retour.

Nous réjouir des bonnes conditions des autres crée la cause pour bénéficier nous-mêmes de bonnes conditions semblables à l'avenir, et nous réjouir des qualités des autres crée la cause pour développer des qualités semblables. Il est dit que ceux qui apprécient et se réjouissent maintenant des qualités des pratiquants spirituels et des êtres réalisés deviendront des pratiquants spirituels purs dans leur prochaine vie. Se réjouir est la manière la plus facile d'accroître notre mérite, cela enchante tous les bouddhas et c'est la méthode suprême pour rassembler un cercle d'amis.

Si voir les autres heureux nous déplaît, alors nous ne devrions pas rémunérer ceux qui travaillent pour nous parce que cela les rend heureux. Mais nous savons très bien que si nous ne payons pas ces salaires, nos employés refuseront de travailler, si bien que notre bonheur, présent et futur, diminuera. Nous réjouir des compliments que les autres reçoivent est semblable à payer un bon salaire, car cela leur fait plaisir et cela sert également au mieux nos propres intérêts.

Lorsqu'une personne nous félicite et parle de nos qualités, nous sommes heureux. Puisque tout le monde aime également recevoir ces compliments, nous devrions nous réjouir aussi lorsque cela se produit. Seule notre jalousie insensée nous prive de tout sentiment de plaisir lorsque les autres reçoivent des compliments. Il est particulièrement absurde pour les personnes qui ont fait naître en eux la bodhitchitta de ressentir de la jalousie. Si nous avons l'aspiration d'apporter des bienfaits à tous les êtres vivants, pourquoi être malheureux lorsque les autres trouvent, grâce à leurs propres efforts, un peu de bonheur ? Puisque nous avons promis de conduire tous les êtres vivants jusqu'à l'état de bouddhéité, état dans lequel ils auront la vénération et recevront des louanges d'innombrables êtres, pourquoi jalouser les plaisirs temporaires qu'ils trouvent maintenant ? Il est ridicule de nous mettre en colère contre eux de cette manière !

Les parents sont responsables du bien-être de leurs enfants, mais lorsque les enfants sont finalement capables de se prendre en charge et de gagner leur vie tout seuls, cela fait plaisir à leurs parents. Ils sont contents de la réussite de leurs enfants et ne ressentent aucune jalousie. De même, si nous désirons conduire tous les êtres vivants jusqu'aux états d'existence de bonheur (la libération et l'illumination), il n'y a aucune raison de devenir jaloux ni de nous mettre en colère lorsque les autres trouvent un peu de bonheur. Mais, si nous devenons jaloux dans ces circonstances, comment prétendre que nous pratiquons le mode de vie du bodhissattva ? Tant que notre esprit sera plein de jalousie, nous serons incapables de donner naissance au précieux cœur de bodhitchitta. Lorsque la jalousie, la haine et d'autres perturbations mentales se manifestent, notre bodhitchitta dégénère automatiquement. Si nous sommes vraiment intéressés pour suivre une voie qui conduit à l'illumination, nous avons besoin de faire tout ce qui est en notre pouvoir pour vaincre rapidement et totalement ces perturbations mentales.

La jalousie est l'une des perturbations mentales les plus absurdes et les plus inutiles. Être jaloux de la chance des autres, de leur réussite professionnelle, de leur bonne réputation et de leur succès n'apporte rien. Supposons qu'une personne donne de l'argent à un rival. La jalousie et le malaise que nous ressentons alors ne changeront rien à la situation. Il est impossible que nous recevions personnellement cet argent, que notre rival le reçoive ou non. Alors pourquoi être jaloux ? Par ailleurs, le fait de développer de la jalousie d'un côté, et d'un autre côté de désirer obtenir de la richesse et des biens, sont des états d'esprit contradictoires. Pourquoi ? La cause racine nous permettant de recevoir de la richesse, des biens et toute autre chose agréable est notre propre accumulation de vertus ; cela se crée en donnant, en nous réjouissant, en appréciant et en respectant les autres, etc. Mais lorsqu'une forte jalousie naît dans notre esprit en raison de notre perception égocentrique du monde, les potentialités de ces actions vertueuses sont endommagées et nos chances de connaître le bonheur à l'avenir s'en trouvent alors diminuées ou détruites. Par conséquent, si nous désirons réellement connaître plus tard le bonheur, la richesse, etc., nous avons besoin de bien protéger notre esprit et de nous réjouir du bonheur des autres, sans permettre à la jalousie de se manifester.

Il n'y a pas de raison non plus d'être contents lorsque notre ennemi est confronté à la souffrance, car comment ces pensées négatives nuisent-elles à notre ennemi ou nous aident-elles ? Même la pensée « Ce serait merveilleux si mon rival pouvait souffrir » ne lui ferait jamais de mal. Et même s'il souffrait, comment cela nous apporterait-il le bonheur ?

Mais si mon ennemi souffre, je serai content.
Ce genre de pensée ne nous apportera jamais le bonheur. Au contraire, rien ne nous fait plus de mal que de nous complaire dans ces pensées vindicatives et mesquines, qui ne font que nous entraîner dans les règnes inférieurs.

Si je ne riposte pas lorsque les autres me font du mal, que penseront les gens ? Ma renommée, ma bonne réputation et les compliments ne diminueront-ils pas ?
L'une des principales raisons qui nous amène à riposter est pour défendre notre réputation. Pourtant, nous pouvons protéger et améliorer notre réputation bien plus efficacement en pratiquant la patience. Quand les gens verront que nous avons un caractère fort et stable qui nous permet d'absorber la critique, la calomnie et les insultes sans perdre notre équilibre et notre bonne humeur, leur respect envers nous grandira. Lorsqu'une star de cinéma ou un homme politique s'offusque d'une critique insignifiante et intente un procès pour diffamation, avons-nous plus de respect pour cette personne ? Nous la respecterions probablement plus si elle se prenait moins au sérieux et pouvait supporter une petite critique sans perdre sa dignité et sa paix intérieure. La patience est une force, pas une faiblesse, et si en pratiquant la patience nous cessons de riposter aux attaques et à la critique, les gens en viendront progressivement à comprendre que notre véritable nature est très spéciale.

Les compliments et la réputation ne méritent pas que nous nous mettions en colère et que nous nous énervions pour eux. Il est vrai qu'une bonne réputation, la richesse et une situation respectée dans la société sont en général très utiles, et ces expériences de plaisir, comme toutes les autres, sont le résultat de nos propres actions vertueuses et habiles passées. Pourtant, si notre attachement à ces bonnes conditions nous pousse à nous mettre en colère lorsqu'elles sont menacées, elles cessent d'être bénéfiques et ne deviennent au contraire que des causes supplémentaires de souffrance. Nous avons besoin de comprendre que ce ne sont pas les bonnes circonstances extérieures elles-mêmes qui nous rendent heureux, mais la manière dont notre esprit s'y relie. Toute personne qui a une idée, même très petite, du potentiel immense de développement de l'esprit ne pourra jamais se contenter d'accomplissements superficiels. Nous avons donc besoin d'abandonner l'attachement à ces choses et, puisque nous avons ce précieux corps humain, nous avons besoin de pratiquer l'essence du dharma pour éliminer les perturbations mentales de notre esprit. Comment pouvons-nous permettre à notre attachement au plaisir insignifiant procuré par quelques compliments de se mettre en travers de notre chemin vers l'accomplissement de la félicité sans limite de l'illumination ?

Certains sacrifient beaucoup d'argent, et même leur vie, au nom de leur renommée et de leur réputation, mais pourquoi de si grands sacrifices pour quelques mots secs et vides ? Qui en retirera des bienfaits si nous mourons au cours de notre quête de renommée et de gloire ? Bouddha appelait *êtres puérils* les personnes qui exultent en recevant des compliments (ou qui deviennent malheureuses et en colère lorsqu'elles sont critiquées). Sur la plage, les enfants aiment faire des châteaux de sable, mais lorsque la mer finit par emporter ces tas de sable, ils pleurent de déception : « Mon château est parti ! » De même, si nous laissons les flots changeants de l'éloge et de la critique balayer notre esprit ici et là, nous sommes aussi insensés que ces enfants.

Nous mettre en colère ou être contrariés lorsque nous sommes critiqués ou calomniés n'a pas de sens, mais il est parfois nécessaire à certains moments de défendre notre réputation en expliquant la vérité. Supposons qu'un homme politique ayant un désir sincère de servir la population soit faussement accusé de mauvaises conduites et d'avoir fait des erreurs. S'il ne prend pas des mesures pour se défendre, il risque de perdre sa situation et, par là même, la possibilité d'aider beaucoup de gens. En prenant conscience de cela, il est tout à fait correct d'expliquer à la population, sans colère ni désir de riposter, que ces accusations sont totalement sans fondement.

Lorsque le simple son de quelques compliments parvient à nos oreilles, pourquoi devenons-nous si heureux ? Après tout, le son lui-même n'a pas d'esprit, et il n'a pas l'intention de nous complimenter. ?

Puisque la personne qui me complimente est heureuse de le faire, je devrais également être heureux.
Mais son plaisir est entièrement dans son esprit à elle, et ne nous est d'aucun bienfait, ni maintenant, ni à l'avenir.

Pourtant, il est juste d'être content lorsque les autres éprouvent du plaisir. Vous venez de dire que nous avons besoin de nous réjouir lorsque les autres sont heureux.
C'est tout à fait vrai, et nous avons besoin de familiariser notre esprit avec cette attitude jusqu'à ce que nous puissions nous réjouir même en voyant le bonheur de notre rival.

Cela n'a aucun sens d'avoir un esprit qui, discriminant de manière incorrecte, est content lorsque nos amis sont complimentés, mais jaloux lorsque nos ennemis le sont. Par ailleurs, savourer les éloges que nous recevons nous-mêmes est semblable au comportement d'un petit enfant.

Avoir une bonne réputation, une situation élevée et être riche sont des choses généralement perçues comme bénéfiques mais, en réalité, elles peuvent faire obstacle à notre accomplissement de l'illumination, en détournant notre esprit indompté de la voie spirituelle. En portant notre attention sur notre réputation et autres, notre renoncement peut facilement décliner, et l'orgueil, l'esprit de compétition et la jalousie peuvent se manifester. Ces distractions provoquent le déclin de nos propres vertus et interrompent notre capacité à aider les autres. Si nous sommes attachés à une bonne réputation, etc., nous descendrons dans les règnes inférieurs et resterons piégés dans le marécage du samsara.

Une personne qui essaie de pratiquer le dharma avec pureté est dans une situation meilleure sans ces obstacles et sans ces distractions. Qui nous aide à briser notre attachement à ces choses ? C'est la personne qui nous fait du mal. En nous empêchant d'obtenir une bonne réputation et d'autres accomplissements de cette vie, cette personne nous aide à renforcer notre désir d'atteindre la libération et l'illumination. En nous obligeant à pratiquer la patience, c'est notre meilleure enseignante. Elle nous aide à couper notre attachement à la réputation et à la notoriété, et à trancher la corde qui nous lie au samsara. Cette personne nous empêche de créer les causes d'une renaissance dans ce marécage de souffrances et, au contraire, elle nous aide à créer les causes de la pleine illumination. En la considérant comme notre guide spirituel qui nous aide de tant de manières, nous abandonnons toute colère que nous pourrions ressentir envers cette personne, la meilleure de nos amis.

Pourquoi devrais-je considérer les personnes qui me font du mal comme mes meilleurs amis ? Une personne qui me fait du mal interrompt ma pratique du dharma, m'empêche d'accumuler du mérite et fait obstacle à ma pratique du don et des autres vertus. Dans ces moments-là, il est clair que cette personne n'est pas mon ami.

Là encore, c'est faux. Avoir l'opportunité de pratiquer la patience, un des éléments les plus importants de la voie spirituelle, naît seulement grâce à la bonté d'une telle personne. En nous donnant la chance de pratiquer la patience, cette personne difficile nous aide à créer un mérite considérable ; mais si nous ripostons, que nous nous vengeons, cette opportunité est perdue. Notre patience ne s'améliorera jamais si personne ne la met à l'épreuve, et sans parfaire notre patience, il nous est impossible d'atteindre l'illumination. C'est donc une erreur de penser qu'une personne difficile pourrait interrompre notre pratique du dharma. Après tout, une personne dans le besoin n'est pas un obstacle pour une personne qui désire pratiquer le don, pas plus qu'un abbé n'est un obstacle pour une personne qui désire prendre les vœux monastiques. Loin d'être des obstacles, ce sont des nécessités absolues.

Nous sous-estimons la valeur de la patience. Il est possible que des personnes interrompent parfois nos séances de méditation ou notre étude du dharma, mais ils ne peuvent jamais nous retirer la possibilité de nous entraîner aux vertus intérieures comme la patience. C'est cet entraînement mental, plus que les activités vertueuses extérieures, qui est l'essence de la pratique du dharma. Si nous comprenons vraiment la valeur de la patience, jamais nous ne reculerons devant une possibilité de la mettre en pratique. Même si durant toute notre vie nous ne trouvions jamais l'occasion de nous asseoir pour étudier et méditer, mais que nous apprenions vraiment à pratiquer l'acceptation patiente dans tous les instants de la journée, nous ferions d'immenses progrès sur la voie de l'illumination. À l'inverse, si nous passions toute notre vie à étudier et à méditer, mais que nous ne pratiquions jamais la patience, notre pratique spirituelle resterait superficielle et factice.

De manière générale, la patience est une vertu plus puissante que le don parce que l'objet de la patience est plus difficile à trouver que l'objet du don. Il y a beaucoup de pauvres à qui nous pouvons donner, mais combien de personnes essaient véritablement de nous faire du mal, nous donnant ainsi la possibilité de pratiquer la patience ? Nous avons besoin de penser à la rareté de trouver un tel objet pour notre patience, et reconnaître que notre ennemi est une source de richesse intérieure inépuisable et un vrai enseignant sur notre voie vers la félicité insurpassable de l'illumination. Au lieu de voir la personne qui teste notre patience comme un obstacle à notre pratique spirituelle, nous avons besoin de constamment nous souvenir de sa bienveillance et de ressentir de la joie d'avoir trouvé une telle personne. C'est elle qui a rendu possible notre pratique de la patience, et c'est donc à elle que toute la vertu et toute l'énergie positive générées en cette occasion devraient être dédiées en premier lieu.

Mais puisque mon ennemi n'a pas l'intention de m'aider à pratiquer la patience, je n'ai aucune raison de le respecter.
Si cette objection était valable, il s'ensuivrait que nous n'aurions également aucune raison de respecter le dharma sacré, parce que lui non plus n'a pas l'intention de nous aider.

Ce n'est pas du tout la même chose. Mon ennemi entretient des pensées négatives envers moi, alors que le dharma sacré ne le fait pas.
Mais c'est précisément à cause des intentions néfastes de notre ennemi que nous avons la possibilité de pratiquer la patience. Si notre ennemi désirait seulement nous faire du bien, à la manière d'un médecin qui désire uniquement aider son patient, nous n'aurions jamais la possibilité d'entraîner notre esprit à ne pas riposter, à ne pas se venger. Aussi, bien que notre ennemi n'ait pas l'intention de nous aider à pratiquer, il est néanmoins digne d'être un objet de notre vénération, comme le dharma sacré.

Bouddha Shakyamouni a dit qu'il existe deux champs pour cultiver les moissons de la vertu : le champ des êtres pleinement éveillés et le champ des êtres sensibles. En faisant grandir notre foi en les êtres pleinement éveillés et en nous efforçant d'aider les êtres sensibles, nous réaliserons notre but et celui des autres. Ces deux champs sont semblables, dans le sens où les deux produisent des bienfaits et sont à cultiver si nous désirons atteindre l'illumination.

Si les deux champs de mérite sont aussi précieux l'un que l'autre, pourquoi faisons-nous des prosternations et des offrandes aux bouddhas mais pas aux êtres sensibles ?

Le point important ici n'est pas que les êtres pleinement éveillés et les êtres ordinaires possèdent les mêmes qualités, ce qui n'est manifestement pas le cas. Néanmoins, tous deux sont semblables dans le sens où tous deux sont des causes de notre illumination et, à ce titre, sont dignes de notre respect de manière égale.

Lorsque nous donnons des biens matériels, de l'amour, une protection ou des enseignements spirituels aux êtres sensibles, nous appelons généralement cela la « pratique du don », mais nous disons « faire des offrandes » lorsque nous donnons aux êtres pleinement éveillés. Toutefois, un bodhissattva considère tous les êtres sensibles comme infiniment précieux et leur est reconnaissant des bienfaits qu'il reçoit d'eux; il considère donc naturellement ses actions de dons comme des offrandes qui leur sont faites. Il reconnaît que ces personnes, en agissant en tant qu'objets de ses actions vertueuses, lui permettent de récolter les fruits de la pratique spirituelle. Ainsi, avec les trois joyaux, ces êtres sont son champ de mérite.

Bouddha a expliqué que respecter un être qui a développé l'esprit d'amour illimité produit un mérite incommensurable. Puisque cette personne garde en son cœur le bien-être d'innombrables êtres, tout service que nous lui rendons sert indirectement tous ces êtres. Aider la mère de nombreux enfants aide indirectement tous ses enfants et, de même, tout service que nous rendons à un être au si grand cœur sert indirectement tous les êtres vivants. Puisque l'esprit d'amour illimité ne peut se développer qu'en dépendance de son objet (des êtres vivants en nombre illimité), tout le mérite que nous créons en vénérant une personne qui a la réalisation de l'amour universel se manifeste en réalité grâce à la bonté de tous les êtres vivants.

Le mérite créé en respectant et en développant notre foi en les bouddhas est également infini, parce que les qualités d'un bouddha sont inconcevablement vastes et profondes. Puisque le fait d'avoir du respect à la fois pour les bouddhas et pour les êtres sensibles produit un mérite illimité et conduit à la réalisation de la pleine illumination, de ce point de vue, les bouddhas et les êtres sensibles sont égaux. Toutefois, puisque les êtres sensibles ne possèdent pas des qualités infinies, de ce point de vue, ils ne sont pas égaux aux bouddhas.

Les qualités d'un bouddha sont si vastes que tout être qui en possède ne serait-ce qu'une petite fraction est digne d'une grande dévotion. La grande majorité des êtres sensibles n'ont aucune des qualités profondes d'un bouddha, mais ils sont néanmoins dignes de notre plus grand respect et de notre plus grande dévotion parce qu'ils partagent avec les bouddhas le rôle de champ d'accumulation de mérite pour nous. Puisque les êtres vivants sont absolument essentiels pour notre bonheur quotidien et notre accomplissement de la pleine illumination, il est bien sûr approprié de les respecter comme nous le ferions pour un bouddha.

Grâce à la bonté des bouddhas compatissants qui révèlent la voie spirituelle, d'innombrables êtres vivants ont la possibilité d'étudier ces enseignements et d'atteindre l'illumination. Comment pouvons-nous leur rendre cette bonté infinie ? La manière parfaite de rendre à un bouddha (dont la seule préoccupation est le bien-être de tous) sa bonté est de faire naître en nous aussi l'amour et la compassion pour tous les êtres vivants. Dans ses vies précédentes, lorsqu'il suivait la voie du bodhissattva, Bouddha Shakyamouni a donné sa vie de nombreuses fois pour le bien-être des êtres vivants. Comment pouvons-nous faire du mal à ceux pour qui Bouddha a sacrifié sa vie ? Même lorsqu'ils nous agressent, nous avons besoin de nous abstenir de nous venger et nous essayons plutôt de répondre en leur donnant autant de respect, d'amour et d'aide que nous le pouvons. Si nous apprenons à faire cela, tous les bouddhas seront ravis.

Dans son amour et dans sa compassion infinis pour tous les êtres sensibles, Bouddha Shakyamouni abandonna tout pour rechercher la pleine illumination. Ayant atteint l'illumination, il continue de prendre soin de tous les êtres sensibles avec un amour sans limite, plus fort même que l'amour d'une mère pour son enfant le plus cher. Si tous les êtres sensibles sont dignes de l'amour d'un être comme Bouddha, alors il va sans dire que les êtres ordinaires comme nous ont aussi besoin de les respecter. Comment pouvons-nous avoir la pensée de faire du mal à ceux qui sont les objets de l'amour et de l'attention de tous les bouddhas ? Puisque les bouddhas, grâce à leur sagesse, à leur pouvoir et à leurs qualités sans limite consacrent totalement leur vie au service des êtres sensibles, nous avons besoin, de la même manière, de considérer que servir les êtres sensibles est un privilège.

Nous en remettre à Bouddha et continuer de faire du mal aux êtres sensibles n'a aucun sens. C'est comme agir avec bienveillance envers une mère et se retourner pour frapper ses enfants. Nous faisons du mal à une mère en faisant du mal à ses enfants et, de même, nous mécontentons les bouddhas en ayant des intentions négatives envers les êtres sensibles. Faire des offrandes aux bouddhas tout en faisant du mal à des êtres sensibles, c'est comme donner des fleurs à une mère après avoir torturé ses enfants.

Dans le *Guide du mode de vie du Bodhisattva*, Shantidéva résume les conclusions à tirer de ce qui précède dans la prière venant du fond du cœur suivante :

> Ainsi, puisque j'ai fait du mal aux êtres vivants,
> Ce qui a déplu aux bouddhas compatissants,
> Aujourd'hui, je confesse chacune de ces non-vertus :
> S'il vous plaît, ô êtres de compassion, pardonnez-moi de vous avoir ainsi offensés.
>
> À partir de maintenant, pour que les tathagatas soient ravis,
> Je m'engage résolument à agir comme serviteur de tous les êtres vivants.
> Même si des gens me donnent des coups de pied et m'humilient,
> Je ferais plaisir aux bouddhas en ne ripostant pas.

L'une des techniques les plus puissantes pour développer et maintenir la bodhitchitta est la méditation appelée *l'échange de soi avec les autres*. Il n'y a aucun doute que les tathagatas (les bouddhas compatissants) ont pleinement réalisé cet échange et, ayant abandonné toute préoccupation de soi, ils se préoccupent des êtres sensibles plus que d'eux-mêmes. Tous les êtres sensibles sont précieux car ils sont l'objet de l'amour de Bouddha. Si, grâce à leur sagesse, parfaite les bouddhas ont vu que les êtres sensibles sont dignes de leur amour et de leur respect infinis, alors les êtres sensibles sont dignes de notre respect également.

Toute personne qui pratique la patience de ne pas riposter lorsqu'elle est blessée et respecte tous les êtres sensibles comme s'ils étaient des êtres pleinement éveillés ravit tous les bouddhas et dissipe les souffrances de l'univers en atteignant la pleine illumination. Pour cette raison, nous devrions toujours pratiquer la patience.

Que signifie témoigner le même respect aux êtres sensibles qu'à un bouddha ? Il est évident qu'il ne serait pas approprié de faire des prosternations complètes devant chaque personne que nous rencontrons. Toutefois, nous pouvons toujours les respecter mentalement, nous rappelant qu'elles sont les objets de l'amour des bouddhas et la cause de notre accomplissement de l'illumination, et nous pouvons essayer de les aimer et de réaliser leurs souhaits. De plus, tous les êtres sensibles ont été notre mère de nombreuses fois et nous ont témoigné une immense bonté. Par conséquent, tous méritent notre gratitude, notre amour et notre patience.

Si nous nous rappelons la bonté de tous les êtres sensibles et essayons de leur faire plaisir chaque fois que nous le pouvons, nous trouverons le bonheur, même dans cette vie-ci. Les autres nous respecteront, notre renommée se répandra largement et nous trouverons biens et richesse en abondance. En résultat de nos actions vertueuses, nous finirons par atteindre la félicité suprême de la bouddhéité. Même si nous n'atteignons pas la bouddhéité dans cette vie-ci, où que nous renaissions dans le samsara, nous récolterons les bienfaits de la pratique de la patience. Notre corps sera beau et nous serons entourés d'amis et d'étudiants dévoués. Nous jouirons aussi d'une bonne santé et d'une longue vie.

En conclusion, chaque fois que nous connaissons des difficultés, des disputes ou la maladie, nous réfléchissons aux inconvénients de ne pas les accepter et aux bienfaits d'être patients avec notre souffrance. Puis, nous appliquons la force d'opposition appropriée en méditant sur la patience d'accepter de bon gré la souffrance. Pour améliorer notre patience jusqu'à la perfection, nous méditons sur les enseignements de Bouddha sur la vacuité et sur l'interdépendance de tous les phénomènes, et ainsi nous pratiquons la patience de penser au dharma quoi qu'il arrive. Lorsqu'une personne nous fait du mal, nous nous rappelons les nombreux défauts de la colère et les inconvénients de contrarier les êtres sensibles, et nous surmontons cela en nous en remettant à la patience de ne pas riposter.

En pratiquant sincèrement ces trois types de patience, nous retirerons le plus grand sens possible de notre précieuse vie humaine et nous ne perdrons plus de temps à nous enchaîner au samsara, la roue de la souffrance et de l'insatisfaction. En ces temps dégénérés, la pratique de la patience est d'une importance suprême car les causes de souffrance abondent et il est rare de passer ne serait-ce qu'une journée sans connaître de problèmes physiques ou mentaux. En acceptant avec patience toutes les difficultés et tous les mauvais traitements, nous affaiblirons rapidement notre préoccupation de soi et notre saisie d'un soi, et nous permettrons ainsi au grand cœur, la compassion et la bodhitchitta, de grandir en nous. Au beau milieu de ce monde où les problèmes se multiplient, toutes les qualités de l'illumination s'éveilleront dans notre esprit et nous serons vraiment capables d'apporter des bienfaits aux autres.

Dédier la vertu

Grâce aux vertus que j'ai accumulées en composant ce livre, puissent la compassion et la sagesse se développer et grandir en chacun. Grâce à cela, puissent toutes les souffrances cesser rapidement et puissions-nous connaître une paix mondiale définitive et un bonheur éternel.

Annexe I

Comprendre l’esprit

Comprendre l'esprit

Bouddha a enseigné que tout dépend de l'esprit. Pour réaliser cela, nous devons d'abord comprendre la nature et les fonctions de l'esprit. Au début, cela peut sembler très simple car nous avons tous un esprit et nous savons tous quel est l'état de notre esprit, s'il est heureux ou triste, clair ou confus, etc. Pourtant, si quelqu'un venait nous demander ce qu'est la nature de notre esprit et comment il fonctionne, nous serions probablement incapables de donner une réponse précise. Cela montre que nous n'avons pas une compréhension claire de l'esprit.

Certaines personnes pensent que l'esprit est le cerveau ou une autre partie ou fonction du corps, mais cela est inexact. Le cerveau est un objet physique qui peut être vu avec les yeux, et peut être photographié ou bien subir une opération chirurgicale. L'esprit, par contre, n'est pas un objet physique. Il ne peut ni être vu avec les yeux, ni photographié, ni réparé chirurgicalement. Par conséquent, le cerveau n'est pas l'esprit, mais simplement une partie du corps.

Il n'y a rien dans le corps qui puisse être identifié comme étant notre esprit parce que notre corps et notre esprit sont des entités différentes. Par exemple, parfois, lorsque notre corps est détendu et immobile, notre esprit peut être très agité, sautant d'un objet à l'autre. Cela indique que notre corps et notre esprit ne sont pas la même entité. Dans les écritures bouddhistes, notre corps est comparé à une auberge et notre esprit à un hôte qui y séjourne. Lorsque nous mourons, notre esprit quitte notre corps et s'en va vers la vie suivante, comme un hôte quittant une auberge pour aller ailleurs.

Si l'esprit n'est pas le cerveau ni aucune autre partie du corps, alors qu'est-ce que l'esprit ? C'est un continuum sans caractéristique physique, dont la fonction est de percevoir et de comprendre les objets. Étant donné que l'esprit est par nature sans caractéristique physique, immatériel, il n'est pas gêné par les objets matériels. Ainsi, notre corps ne peut pas aller sur la lune sans voyager dans un vaisseau spatial, alors que notre esprit peut atteindre la lune en un instant, simplement en y pensant. Connaître et percevoir les objets est une fonction que seul l'esprit posssède. Nous disons « Je connais ceci et cela » mais, en réalité, c'est notre esprit qui connaît. Nous ne connaissons les choses qu'au moyen de notre esprit.

L'esprit possède trois niveaux (grossier, subtil et très subtil). Le niveau grossier comprend les perceptions sensorielles, comme la perception de l'œil et la perception de l'oreille, et toutes les perturbations mentales fortes comme la colère, la jalousie, l'attachement et la forte ignorance de la saisie d'un soi. Ces états d'esprit grossier sont liés à des vents intérieurs grossiers et sont relativement faciles à reconnaître. Lorsque nous nous endormons ou lorsque nous mourons, nos différents esprits grossiers se dissolvent vers l'intérieur et nos esprits subtils deviennent manifestes. Ces esprits subtils sont liés à des vents intérieurs subtils et sont plus difficiles à reconnaître que les esprits grossiers. Au cours du sommeil profond et à la fin du processus de la mort, les vents intérieurs se dissolvent au centre de la roue de canaux du cœur, à l'intérieur du canal central, puis l'esprit très subtil, l'esprit de claire lumière, devient manifeste. L'esprit très subtil est lié au vent intérieur très subtil et il est extrêmement difficile de le reconnaître. Le continuum de l'esprit très subtil n'a ni commencement, ni fin. C'est cet esprit qui passe d'une vie à l'autre et, s'il est complètement purifié par l'entraînement à la méditation, c'est cet esprit qui se transformera finalement en l'esprit omniscient d'un bouddha.

Il est très important d'être capable de distinguer les états d'esprit paisibles des états d'esprit perturbés. Les états d'esprit qui troublent notre paix intérieure, comme la colère, la jalousie et l'attachement désirant, sont appelés *perturbations mentales*. Ce sont les causes principales de toutes nos souffrances. Nous pensons peut-être que nos souffrances sont causées par d'autres personnes, par des conditions matérielles difficiles ou bien par la société, mais en réalité elles proviennent entièrement de nos propres états d'esprit perturbés. L'essence de la pratique du dharma est de réduire, puis finalement d'éliminer complètement nos perturbations mentales et de les remplacer par des états d'esprit paisibles et vertueux. C'est le but principal de l'entraînement à la méditation.

D'habitude, nous recherchons le bonheur en dehors de nous. Nous essayons d'obtenir de meilleures conditions matérielles, un meilleur travail, une situation sociale plus élevée, etc., mais nous avons beau améliorer notre situation extérieure, nous connaissons encore beaucoup de problèmes et d'insatisfactions. Nous ne ressentons jamais un bonheur pur et durable. Dans ses enseignements, Bouddha nous conseille de ne pas rechercher le bonheur en dehors de nous-mêmes, mais de l'établir à l'intérieur de notre esprit. Comment nous y prendre ? Nous le faisons en purifiant et en contrôlant notre esprit par la pratique sincère du bouddhadharma. Si nous nous entraînons de cette manière, nous pouvons être sûrs de garder constamment un esprit calme et heureux. Alors, quelles que soient les difficultés extérieures, nous resterons toujours heureux et sereins.

Bien que nous fassions de grands efforts pour le trouver, le bonheur reste insaisissable alors que les souffrances et les problèmes semblent venir naturellement, sans aucun effort. Pourquoi ? Dans notre esprit, la cause du bonheur, la vertu, est très faible et ne peut produire son effet que si nous faisons beaucoup d'efforts, tandis que les causes intérieures de la souffrance et des problèmes, les perturbations mentales, sont très fortes et peuvent produire leur effet sans aucun effort de notre part. C'est la véritable raison pour laquelle les problèmes arrivent naturellement, alors que le bonheur est si difficile à trouver.

Cela nous permet donc de voir que les causes principales du bonheur et des problèmes se trouvent dans l'esprit et non pas dans le monde extérieur. Si nous pouvions garder toute la journée un esprit calme et serein, nous n'aurions jamais de problème ni de souffrance mentale. Par exemple, si notre esprit restait tout le temps calme, nous ne nous sentirions jamais mal, même si nous étions insultés, critiqués ou accusés, ou si nous perdions notre travail ou nos amis. Peu importe à quel point les conditions extérieures deviennent difficiles, tant que nous maintiendrons un esprit calme et paisible, la situation ne sera pas un problème pour nous. Par conséquent, si nous voulons ne plus avoir de problèmes, il n'y n'a qu'une chose à faire : apprendre à maintenir un esprit paisible en pratiquant le dharma avec pureté et sincérité.

Annexe II

Vies passées et vies futures

Vies passées et vies futures

Si nous comprenons la nature de l'esprit, nous pouvons aussi comprendre l'existence des vies passées et des vies futures. De nombreuses personnes croient que lorsque le corps se désagrège au moment de la mort, le continuum de l'esprit cesse et que l'esprit devient inexistant, comme la flamme d'une bougie qui s'éteint quand toute la cire est consumée. Certaines personnes pensent même au suicide, dans l'espoir que la mort mettra fin à leurs problèmes et à leurs souffrances. Toutefois, ces idées sont complètement fausses. Il a déjà été expliqué en annexe I que notre corps et notre esprit sont des entités séparées ; par conséquent, même si le corps se désagrège au moment de la mort, le continuum de l'esprit, lui, ne cesse pas. L'esprit ne cesse pas mais quitte simplement le corps actuel et s'en va vers la vie suivante. Ainsi, la mort ne délivre pas les êtres ordinaires de la souffrance, mais leur apporte seulement de nouvelles souffrances. Ne comprenant pas cela, de nombreuses personnes détruisent leur précieuse vie humaine en se suicidant.

Nous pouvons arriver à comprendre les vies passées et futures en examinant le processus sommeil, rêve et réveil, car celui-ci ressemble beaucoup au processus mort, état intermédiaire et renaissance. Quand nous nous endormons, nos vents intérieurs grossiers se rassemblent et se dissolvent vers l'intérieur, et progressivement notre esprit devient de plus en plus subtil jusqu'à ce qu'il se transforme en l'esprit très subtil de la claire lumière du sommeil. Pendant que la claire lumière du sommeil est manifeste, nous faisons l'expérience du sommeil profond et, pour les autres, c'est comme si nous étions morts. Lorsque cette claire lumière cesse, notre esprit devient progressivement de plus en plus grossier et nous passons par les différents niveaux de l'état de rêve. Finalement, les pouvoirs normaux de notre mémoire et de notre contrôle mental sont rétablis, et nous nous réveillons. À ce moment-là, notre monde du rêve disparaît et nous percevons le monde de l'état de veille.

Un processus très semblable se produit quand nous mourons. Lorsque nous mourons, nos vents se dissolvent vers l'intérieur et notre esprit devient progressivement de plus en plus subtil, jusqu'à ce que l'esprit très subtil de la claire lumière de la mort devienne manifeste. L'expérience de la claire lumière de la mort est très semblable à celle du sommeil profond. Après que la claire lumière de la mort a cessé, nous faisons l'expérience des étapes de l'état intermédiaire (*bardo* en tibétain), qui est un état semblable au rêve et qui se produit entre la mort et la renaissance. Après quelques jours ou quelques semaines, l'état intermédiaire se termine et nous renaissons. Lorsque nous nous réveillons, le monde du rêve disparaît et nous percevons le monde de l'état de veille ; de même, lorsque nous renaissons, les apparences de l'état intermédiaire cessent et nous percevons le monde de notre prochaine vie.

La seule différence significative entre le processus sommeil, rêve et réveil, et le processus mort, état intermédiaire et renaissance est la suivante : après que la claire lumière du sommeil a cessé, le lien entre notre esprit et notre corps actuels reste intact, alors que ce lien est rompu après la claire lumière de la mort. En contemplant ces processus, nous acquerrons la conviction de l'existence des vies passées et des vies futures.

Nous croyons généralement que les objets perçus dans les rêves sont irréels tandis que ceux perçus pendant l'état de veille sont vrais. Mais Bouddha a dit que tous les phénomènes sont semblables à des rêves, dans le sens où ce sont de simples apparences à l'esprit. Les rêves ont une grande signification pour ceux qui sont capables de les interpréter correctement. Si nous rêvons par exemple que nous nous rendons dans un certain pays dans lequel nous ne sommes jamais allés durant cette vie, notre rêve peut avoir une des quatre significations suivantes : soit nous sommes allés dans ce pays dans une vie précédente, soit nous nous y rendrons plus tard dans cette vie, soit nous nous y rendrons dans une vie future, soit nous avons un certain lien personnel avec ce pays (par exemple le fait d'avoir reçu récemment une lettre qui en provient ou d'avoir vu une émission de télévision consacrée à ce pays). De même, si nous rêvons que nous volons dans les airs, cela peut vouloir dire que dans une vie précédente nous étions un être capable de voler, par exemple un oiseau ou un méditant ayant des pouvoirs miraculeux, ou cela annonce peut-être que plus tard, nous deviendrons cet être. Rêver que nous volons peut aussi avoir une signification moins littérale et symboliser une amélioration de notre santé ou de notre état d'esprit.

Grâce aux rêves, après la mort de ma mère, j'ai pu découvrir le lieu de sa renaissance. Juste avant de mourir, ma mère s'assoupit quelques minutes et, quand elle se réveilla, elle dit à ma sœur qui s'occupait d'elle qu'elle avait rêvé de moi et que, dans son rêve, je lui avais offert une écharpe blanche traditionnelle. Ce rêve signifiait pour moi que je serais en mesure d'aider ma mère dans sa prochaine vie. Ainsi, après sa mort, j'ai prié chaque jour pour qu'elle renaisse en Angleterre, où je vivais, afin d'avoir la possibilité de rencontrer et de reconnaître sa réincarnation. Je fis de puissantes prières à mon Dharmapala pour qu'il me montre des signes clairs du lieu où je pourrais trouver la réincarnation de ma mère.

Plus tard, je fis trois rêves qui me parurent significatifs. Dans le premier, je rêvais que je rencontrais ma mère dans un endroit que je pris pour l'Angleterre. Je lui demandai comment elle avait voyagé d'Inde en Angleterre, mais elle me répondit qu'elle ne venait pas d'Inde, mais de Suisse. Dans le deuxième rêve, je voyais ma mère parler à un groupe de personnes. Je me suis approché d'elle et lui ai parlé en tibétain, mais elle n'avait pas l'air de comprendre ce que je disais. Lorsqu'elle était en vie, ma mère ne parlait que le tibétain mais, dans ce rêve, elle parlait couramment anglais. Je lui demandai alors pourquoi elle avait oublié le tibétain, mais elle ne répondit pas. Plus tard, dans le même rêve, j'ai rêvé d'un couple d'Occidentaux qui aidaient au développement de centres du dharma en Grande-Bretagne.

Ces deux rêves semblaient indiquer l'endroit où ma mère avait pris renaissance. Deux jours après le deuxième rêve, le mari du couple dont j'avais rêvé me rendit visite et m'annonça que sa femme était enceinte. Je me souvins immédiatement de mon rêve et pensai que son bébé pourrait être la réincarnation de ma mère. Le fait que dans le rêve ma mère avait oublié le tibétain et ne parlait que l'anglais suggérait qu'elle renaîtrait dans un pays anglophone, et la présence de ce couple dans le rêve pouvait indiquer qu'ils étaient ses parents. J'accomplis alors une divination traditionnelle accompagnée de prières rituelles, appelée *mo* en tibétain, et cela indiqua que leur enfant était la réincarnation de ma mère. J'en fus très heureux mais n'en dis rien à personne.

Une nuit, j'ai rêvé à maintes reprises de ma mère. Le lendemain matin, j'ai considéré attentivement la question et je suis arrivé à cette décision : si le bébé était né cette nuit-là, alors il était certain que c'était la réincarnation de ma mère, sinon j'aurais besoin de faire d'autres vérifications. Ayant pris cette décision, j'ai téléphoné au mari qui m'annonça cette bonne nouvelle, sa femme avait donné naissance à une fille la nuit précédente. J'étais ravi et fis une cérémonie d'offrande spéciale (*poudja*) pour remercier mon dharmapala.

Quelques jours plus tard, le père téléphona pour me dire que s'il récitait le mantra de Bouddha Avalokiteshvara, OM MANI PÈMÉ HOUM, quand le bébé pleurait, il s'arrêtait immédiatement de pleurer et semblait écouter le mantra. Il me demanda pourquoi et je lui répondis que c'était dû aux tendances provenant de sa vie précédente. Je savais que ma mère avait récité ce mantra durant toute sa vie avec beaucoup de foi.

L'enfant fut nommé Amaravajra. Plus tard, quand Koutèn Lama, le frère de ma mère, vint en Angleterre et vit Amaravajra pour la première fois, il fut étonné de la grande affection qu'elle lui témoignait. Il dit que c'était comme si elle le reconnaissait. Je fis aussi la même expérience. Je ne pouvais pas souvent rendre visite à la petite fille, mais elle était toujours extrêmement heureuse de me voir.

Quand Amaravajra commença à parler, elle montra un jour un chien en disant *kyi, kyi*. Elle prit ensuite l'habitude de répéter *kyi* chaque fois qu'elle voyait un chien. Son père me demanda si *kyi* signifiait quelque chose et je lui dis que, dans le dialecte de l'Ouest du Tibet, là où ma mère avait vécu, *kyi* signifie *chien*. Ce ne fut pas le seul mot tibétain que la petite fille prononça spontanément.

Le mari de ma sœur m'apprit par la suite qu'après la mort de ma mère, un astrologue tibétain avait prédit qu'elle renaîtrait en tant que femme dans un pays où l'on parlait une autre langue que le tibétain. Cette histoire est mon expérience personnelle mais, en cherchant bien, nous pouvons trouver beaucoup d'autres histoires vraies qui montrent comment des personnes ont été capables de reconnaître la réincarnation de leur mari, de leur épouse, de leur enseignant, de leurs parents, de leurs amis, etc. En contemplant de telles histoires, et en réfléchissant à la nature de l'esprit et à l'expérience des rêves, il est certain que nous deviendrons convaincus de l'existence des vies passées et des vies futures.

Dans ses enseignements tantriques, Bouddha a enseigné une pratique spéciale appelée *transfert de conscience dans un autre corps*. Cette pratique devint assez courante lorsque le bouddhisme s'installa au Tibet. Tarma Dodé, pratiquant et fils du célèbre Marpa (traducteur et lama laïc tibétain), maîtrisait cette technique. Un jour, alors qu'il était à cheval, Tarma Dodé fit une chute et se blessa mortellement. Sachant que son fils avait maîtrisé la pratique du transfert de conscience, Marpa se mit immédiatement à la recherche d'un corps dans lequel Tarma Dodé pourrait transférer sa conscience. N'ayant pu trouver de cadavre humain, Marpa amena à son fils celui d'un pigeon qui servirait de demeure provisoire à son esprit, en attendant de trouver un corps humain approprié. Tarma Dodé éjecta alors son esprit de son corps mourant et entra dans le corps du pigeon. L'ancien corps de Tarma Dodé mourut immédiatement et le corps du pigeon revint à la vie. Tarma Dodé avait maintenant le corps d'un pigeon, mais son esprit était toujours celui d'un être humain.

Marpa ne voulait pas que son fils reste sous la forme d'un pigeon, aussi continua-t-il à chercher un corps humain ayant les qualités requises. Un jour, grâce à sa clairvoyance, il vit qu'un enseignant bouddhiste venait juste de mourir en Inde et que ses disciples avaient apporté son corps au cimetière. Marpa dit à son fils de voler aussi vite que possible jusqu'en Inde. Tarma Dodé vola alors jusqu'en Inde avec son corps de pigeon et, quand il arriva à l'endroit où le corps de l'enseignant reposait, il éjecta son esprit du corps du pigeon et entra dans le cadavre. Le corps du pigeon mourut immédiatement et le corps de l'enseignant décédé revint à la vie. Tarma Dodé passa alors le reste de sa vie en tant qu'enseignant indien connu sous le nom de Tiwou Sang'nak Dongpo. Quelques années plus tard, Milarépa, le disciple principal de Marpa, envoya Rétchoungpa, son propre disciple, en Inde pour recevoir des enseignements spéciaux de Tiwou Sang'nak Dongpo. Quand Rétchoungpa retourna au Tibet, il offrit ces instructions à Milarépa.

Il existe de nombreux autres exemples de méditants du passé qui pouvaient transférer leur conscience dans d'autres corps. Il est dit que Marpa lui-même pratiqua le transfert de conscience dans un autre corps quatre fois au cours de sa vie. Si l'esprit et le corps étaient la même entité, comment ces méditants auraient-ils pu transférer leur conscience de cette manière ? Si nous contemplons avec un esprit positif des histoires vraies comme celles-ci, cela nous aidera à comprendre comment il est possible à la conscience de continuer après la mort du corps. Après cela, il nous sera très facile de comprendre l'existence des vies passées et des vies futures.

Annexe III

La Prière libératrice

LOUANGES À BOUDDHA SHAKYAMOUNI

et

Prières pour la méditation

COURTES PRIÈRES PRÉPARATOIRES POUR LA MÉDITATION

La Prière libératrice

LOUANGES À BOUDDHA SHAKYAMOUNI

Ô être béni, Shakyamouni Bouddha,
Précieux trésor de compassion,
Tu accordes une paix intérieure suprême.

Toi qui aimes tous les êtres sans exception,
Tu es la source de bonheur et de bonté,
Et tu nous guides vers la voie libératrice.

Ton corps, ce joyau, exauce les souhaits,
Ta parole, suprême nectar, nous purifie
Et ton esprit est le refuge de tous les êtres vivants.

Les mains jointes, je me tourne vers toi,
Ô suprême ami immuable,
Du fond du cœur, je te fais cette requête :

Je t'en prie, donne-moi la lumière de ta sagesse
Pour dissiper l'obscurité de mon esprit
Et guérir mon continuum mental.

Je t'en prie, nourris-moi de ta bonté,
Pour qu'à mon tour je puisse nourrir tous les êtres
Dans un banquet de délices perpétuels.

Par ton intention compatissante,
Tes bénédictions, tes actes vertueux,
Et mon grand désir de m'en remettre à toi,

Que cesse rapidement toute souffrance,
Que toute joie, tout bonheur se réalisent
Et que le saint dharma s'épanouisse pour toujours.

Colophon : cette prière a été composée par Vénérable Guéshé Kelsang Gyatso Rinpotché. Elle est récitée régulièrement avant les enseignements, les méditations et les prières dans les centres bouddhistes kadampas du monde entier.

Prières pour la méditation

Chercher refuge

Moi-même et tous les êtres sensibles jusqu'à ce que nous atteignions l'illumination,
Cherchons refuge en Bouddha, le dharma et la sangha. (3x, 7x, 100x ou plus)

Générer la bodhitchitta

Puissé-je, grâce aux vertus que j'accumule par le don et les autres perfections,
Devenir un bouddha pour le bien de tous. (3x)

Générer les quatre incommensurables

Que tous les êtres soient heureux,
Que tous soient libérés de la souffrance,
Que personne ne soit jamais séparé du bonheur,
Que tous demeurent dans l'équanimité, libérés de la haine et de l'attachement.

Visualiser le champ d'accumulation de mérite

Dans l'espace devant moi se trouve Bouddha Shakyamouni vivant, entouré par tous les bouddhas et les bodhissattvas, comme la pleine lune entourée d'étoiles.

La prière en sept membres

Humblement, je me prosterne avec mon corps, ma parole
et mon esprit,
Et fais des offrandes présentées et imaginées.
Je confesse mes mauvaises actions de tous les temps,
Et me réjouis des vertus de tous.
Je vous prie de rester jusqu'à la fin du samsara,
Et de tourner pour nous la roue du dharma.
Je dédie toutes les vertus à la grande illumination.

Offrir le mandala

Ce sol parfumé et jonché de fleurs,
La grande montagne, les quatre continents, le soleil et la
lune,
Perçus comme le pays d'un bouddha, vous sont offerts,
Que tous les êtres jouissent de pays purs semblables.

J'offre sans aucun sentiment de perte
Les objets faisant naître mon attachement, ma haine et ma
confusion,
Mes amis, ennemis et étrangers, notre corps et nos plaisirs ;
Acceptez-les, s'il vous plaît, et bénissez-moi afin que je sois
libéré directement des trois poisons.

IDAM GOUROU RATNA MANDALAKAM NIRYATAYAMI

La prière des étapes de la voie

La voie commence par une grande confiance
En mon bienveillant enseignant, source de tout bien,
Ô bénis-moi pour comprendre cela,
Que je le suive avec grande dévotion.

Cette vie humaine avec toutes ses libertés
Est extrêmement rare et si riche de sens,
Ô bénis-moi pour le comprendre,
Que jour et nuit j'en saisisse l'essence.

Mon corps, tout comme une bulle d'eau,
Perd sa vigueur et meurt si vite,
Après la mort viennent les effets du karma,
Tout comme l'ombre suit le corps.

Bénis-moi, que par cette certitude
Et ce souvenir je sois très prudent,
Que toujours j'évite les actions néfastes
Et accumule la vertu en abondance.

Les plaisirs du samsara sont trompeurs,
Au lieu de satisfaire, ils nous tourmentent,
Ô bénis-moi, que je m'efforce sincèrement
D'atteindre la félicité de la parfaite liberté.

Ô bénis-moi, que de cette pensée pure
Naissent l'attention et la plus grande prudence,
Que je garde ainsi comme pratique essentielle
La racine de la doctrine, la pratimoksha.

Exactement comme moi toutes mes mères bienveillantes
Se noient dans l'océan du samsara,
Ô bénis-moi, que je m'entraîne à la bodhitchitta,
Pour que bientôt je puisse les libérer.

Mais je ne peux pas devenir un bouddha,
Par ce seul entraînement, sans les trois éthiques,
Aussi bénis-moi pour que j'aie la force
D'observer les vœux du bodhisattva.

En pacifiant mes distractions
Et par l'analyse des significations parfaites,
Bénis-moi pour vite atteindre l'union
De la vision supérieure et du calme stable.

Quand je serai un réceptacle pur
Grâce aux voies communes, bénis-moi que j'entre
Dans le véhicule suprême, le vajrayana,
La pratique essentielle de la bonne fortune.

Les deux accomplissements dépendent
De mes vœux sacrés et de mes engagements,
Bénis-moi pour bien comprendre cela,
Que je les observe au prix de ma vie.

Par la pratique constante en quatre séances,
Comme l'expliquèrent les enseignants saints,
Ô bénis-moi pour accomplir les deux étapes
Qui sont l'essence des tantras.

Puissent tous ceux qui me guident sur la bonne voie
Et tous mes compagnons jouir d'une longue vie,
Bénis-moi pour pacifier complètement
Tous les obstacles externes et internes.

Puissè-je toujours trouver des enseignants parfaits
Et prendre plaisir au saint dharma,
Accomplir toutes les terres et les voies rapidement
Et atteindre l'état de Vajradhara.

Recevoir les bénédictions et purifier

Du cœur de tous les êtres saints, des flots de lumière et de nectar s'écoulent, nous bénissant et nous purifiant.

Nous commençons ici la contemplation et la méditation proprement dites. Après celles-ci, nous dédions notre mérite en récitant les prières suivantes :

Dédier la vertu

Grâce aux vertus que j'ai accumulées
En pratiquant les étapes de la voie,
Puissent tous les êtres vivants avoir la possibilité
De pratiquer de la même manière.

Que chaque être vivant fasse l'expérience
Du bonheur des humains et des dieux,
Et atteigne rapidement l'illumination,
Pour que le samsara soit finalement anéanti.

Prières pour la tradition vertueuse

Afin que la tradition de Djé Tsongkhapa,
Le roi du dharma, puisse fleurir,
Que tous les obstacles soient pacifiés
Et que toutes les conditions favorables abondent.

Grâce à mes deux accumulations suprêmes ainsi que celles des autres
Rassemblées au cours des trois temps,
Que la doctrine du Conquérant Losang Dragpa
S'épanouisse pour toujours.

La prière *Migtséma* en neuf lignes

Tsongkhapa, ornement de couronne des érudits du Pays des Neiges,
Tu es Bouddha Shakyamouni et Vajradhara, la source de tous les accomplissements,

Avalokiteshvara, le trésor de la compassion inobservable,
Mandjoushri, la suprême sagesse immaculée,
Et Vajrapani, le destructeur des hordes de maras,
Ô vénérable gourou bouddha, synthèse des trois joyaux,
Avec mon corps, ma parole et mon esprit, respectueusement je te fais ces requêtes :
S'il te plaît, accorde tes bénédictions pour faire mûrir et libérer moi-même et les autres
Et accorde les accomplissements communs et suprêmes. (3x)

Colophon : cette sadhana (prière rituelle pour atteindre des accomplissements spirituels) a été compilée à partir de sources traditionnelles par Vénérable Guéshé Kelsang Gyatso.

Annexe IV

Qu'est-ce que la méditation ?

Qu'est-ce que la méditation ?

La méditation est un esprit qui se concentre sur un objet vertueux et qui est la cause principale de la paix mentale. Chaque fois que nous méditons, nous effectuons une action qui nous fera ressentir la paix intérieure à l'avenir. Tout au long de notre vie, nous sommes généralement soumis jour et nuit à des perturbations mentales, qui sont l'inverse de la paix mentale. Pourtant, nous ressentons parfois naturellement une paix mentale. C'est parce que, dans nos vies précédentes, nous nous sommes concentrés sur des objets vertueux. Un objet vertueux est un objet qui nous permet de développer un esprit paisible lorsque nous sommes concentrés dessus. Si nous nous concentrons sur un objet qui provoque en nous l'apparition d'un esprit non paisible comme la colère ou l'attachement, cela indique que, pour nous, cet objet est non vertueux. Il existe aussi beaucoup d'objets neutres qui ne sont ni vertueux, ni non vertueux.

Il existe deux types de méditation : la méditation analytique et la méditation placée. La méditation analytique consiste à contempler le sens d'une instruction spirituelle que nous avons entendue ou lue. En contemplant profondément ces instructions, nous aboutissons à une conclusion précise ou faisons naître en nous un état d'esprit vertueux particulier. C'est l'objet de la méditation placée. Puis, nous

nous concentrons en un seul point sur cette conclusion ou cet état d'esprit vertueux le plus longtemps possible, pour en obtenir une profonde familiarité. Cette concentration en un seul point est la méditation placée. Souvent, la méditation analytique est appelée *contemplation*, alors que la méditation placée est appelée *méditation*. La méditation placée dépend de la méditation analytique, et la méditation analytique dépend de l'écoute ou de la lecture d'instructions spirituelles.

LES BIENFAITS DE LA MÉDITATION

La méditation a pour but de rendre notre esprit calme et paisible. Il a déjà été dit en annexe I que si notre esprit est paisible, nous n'aurons aucun souci ni aucun mal-être mental et nous connaîtrons ainsi un vrai bonheur ; par contre, si notre esprit n'est pas paisible, il nous sera très difficile d'être heureux, même si nous vivons dans les conditions les meilleures. Si nous nous entraînons à la méditation, peu à peu notre esprit deviendra de plus en plus paisible et nous connaîtrons une forme de bonheur de plus en plus pure. Nous serons finalement capables de rester tout le temps heureux, même dans les circonstances les plus difficiles.

Habituellement, il nous est difficile de contrôler notre esprit. Notre esprit semble être comme un ballon gonflable emporté par le vent, ici et là au gré des circonstances extérieures. Si les choses vont bien, notre esprit est heureux, mais si elles tournent mal, notre esprit est instantanément malheureux. Lorsque nous obtenons ce que nous voulons, par exemple une nouvelle acquisition, un nouvel emploi ou un nouveau partenaire, nous sommes surexcités et nous nous accrochons fortement à cette chose. Pourtant, puisque nous ne pouvons pas avoir tout ce que nous désirons et que nous serons inévitablement séparés des amis, de la situation et des biens dont nous jouissons actuellement, cette glu mentale, ou attachement, sert uniquement à provoquer de la douleur en nous. D'autre part, si nous n'obtenons pas ce que nous voulons ou si nous perdons une chose que nous aimons, nous sommes abattus ou nous nous énervons. Si par exemple nous sommes obligés de travailler avec un collègue que nous n'aimons pas, nous nous sentirons probablement irrités et lésés ; de ce fait, nous serons incapables de travailler efficacement avec cette personne, et notre temps passé au travail deviendra stressant et peu gratifiant.

Ces sautes d'humeur se produisent parce que nous nous impliquons trop dans la situation extérieure. Nous sommes comme un enfant, surexcité d'avoir construit un château de sable, qui devient contrarié au moment où le château est détruit par la marée montante. En nous entraînant à la méditation, nous créons un espace intérieur et une clarté qui nous permettent de contrôler notre esprit quelles que soient les circonstances extérieures. Nous remplaçons graduellement notre esprit instable, oscillant entre les extrêmes de la surexcitation et du découragement, par un équilibre mental, un esprit stable et équilibré constamment heureux.

Si nous nous entraînons méthodiquement à la méditation, nous finirons par éliminer les perturbations mentales (les causes de tous nos problèmes et de toutes nos souffrances) de notre esprit. De cette manière, nous parviendrons à connaître une paix intérieure définitive. Alors, jour et nuit, vie après vie, nous connaîtrons uniquement la paix et le bonheur.

Au début, même si notre méditation ne semble pas bien se passer, souvenons-nous que simplement en faisant des efforts pour nous entraîner à la méditation, nous créons le karma mental nous permettant de connaître la paix intérieure à l'avenir. Le bonheur de cette vie-ci et celui de nos vies futures dépendent de l'expérience de paix intérieure, qui à son tour dépend d'une action mentale : la méditation. Puisque la paix intérieure est la source de tout bonheur, nous pouvons voir à quel point la méditation est importante.

COMMENT COMMENCER À MÉDITER

La première étape de la méditation consiste à faire cesser les distractions et à rendre notre esprit plus clair et plus lucide. Nous pouvons y parvenir en effectuant une méditation simple sur la respiration. Nous choisissons un endroit tranquille pour méditer et nous nous asseyons dans une position confortable. Nous pouvons nous asseoir dans la posture traditionnelle, jambes croisées, ou dans toute autre position confortable. Nous pouvons nous asseoir sur une chaise si nous le souhaitons. Le plus important est de garder le dos droit afin d'éviter la torpeur et la somnolence.

Nous sommes assis les yeux mi-clos et dirigeons notre attention sur notre respiration. Nous respirons normalement, de préférence par le nez, sans essayer de contrôler notre respiration, et nous essayons de prendre conscience de la sensation de notre souffle qui entre et sort par les narines. Cette sensation est notre objet de méditation. Nous essayons de nous concentrer sur cette sensation à l'exclusion de toute autre chose.

Au début, notre esprit sera très agité et notre méditation semblera peut-être même l'agiter davantage ; en réalité, c'est que nous sommes simplement plus conscients de l'état d'agitation dans lequel se trouve notre esprit. Nous serons fortement tentés de suivre les différentes pensées qui surgissent, mais nous avons besoin de résister à cette tentation et de rester concentrés en un seul point sur la sensation du souffle. Si nous découvrons que notre esprit vagabonde et suit nos pensées, nous le ramenons immédiatement sur la sensation du souffle. Nous répétons ce processus autant de fois que nécessaire, jusqu'à ce que l'esprit se calme et se stabilise sur le souffle.

Si nous pratiquons patiemment de cette manière, les pensées distrayantes diminueront progressivement et nous éprouverons un sentiment de paix intérieure et de détente. Notre esprit sera clair et spacieux, et nous nous sentirons dispos. Quand la mer est houleuse, les sédiments sont brassés et l'eau se trouble, mais lorsque le vent tombe, ces sédiments se déposent progressivement et l'eau s'éclaircit. De la même manière, lorsque nous réussissons à calmer le flot incessant de nos distractions grâce à la concentration sur la respiration, notre esprit devient inhabituellement clair et lucide. Nous restons dans cet état de calme mental pendant un moment.

La méditation sur la respiration est seulement une étape préliminaire de la méditation, mais elle peut être assez puissante. Cette pratique nous montre que le simple contrôle de l'esprit nous permet de connaître la paix intérieure et le contentement, sans avoir nullement à dépendre de conditions extérieures. Quand la turbulence des pensées distrayantes s'apaise et que notre esprit se calme, un bonheur et un contentement profonds se produisent naturellement à partir de l'intérieur. Ce sentiment de contentement et de bien-être nous aide à faire face à l'agitation et aux difficultés de la vie quotidienne. Le stress et les tensions que nous éprouvons habituellement proviennent en grande partie de notre esprit, et bon nombre de nos problèmes, y compris les problèmes de santé, sont provoqués ou aggravés par ce stress. Nous pourrons réduire ce stress simplement en méditant sur la respiration dix ou quinze minutes par jour. Nous ressentirons le calme, un sentiment d'espace dans notre esprit, et bon nombre de nos problèmes habituels disparaîtront. Nous ferons plus facilement face aux situations difficiles, nous nous sentirons naturellement chaleureux et bien disposés envers les autres, et nos relations s'amélioreront progressivement.

Nous avons besoin de nous entraîner à cette méditation préliminaire jusqu'à réduire nos distractions grossières ; puis, nous nous entraînons aux méditations proprement dites, comme celles expliquées dans *Le Nouveau Manuel de méditation*. Pour faire ces méditations, nous commençons par calmer l'esprit avec la méditation sur la respiration, puis nous effectuons les étapes des méditations analytique et placée en suivant les instructions spécifiques à chaque méditation.

Annexe V

Le Mode de vie kadampa

LES PRATIQUES ESSENTIELLES DU LAMRIM KADAM

Introduction

Cette pratique essentielle du Lamrim kadam, appelée *Le Mode de vie kadampa*, contient deux textes : *Les Conseils qui viennent du cœur d'Atisha* et *Les Trois Principaux Aspects de la voie* de Djé Tsongkhapa. Le texte d'Atisha contient l'essentiel du mode de vie des premiers pratiquants kadampas et nous devrions essayer d'égaler leur pureté et leur sincérité exemplaires. Le deuxième texte est un guide profond pour la méditation sur les étapes de la voie, Lamrim, dont Djé Tsongkhapa a fait la rédaction en se basant sur des instructions reçues directement de Mandjoushri, le bouddha de la sagesse.

Si nous essayons avec sincérité de toujours mettre en pratique les conseils d'Atisha et que nous nous efforçons de méditer sur le Lamrim selon les instructions de Djé Tsongkhapa, notre esprit deviendra pur et heureux et nous avancerons progressivement vers la paix ultime de la pleine illumination. Comme le dit le bodhisattva Shantidéva :

> Grâce à cette forme humaine semblable à un bateau,
> Nous pouvons traverser le grand océan de la souffrance.
> Puisqu'il sera difficile de retrouver un tel navire,
> Ce n'est pas le moment de dormir, imbécile !

Pratiquer ainsi est l'essence même du mode de vie kadampa.

Les Conseils qui viennent du cœur d'Atisha

Quand le vénérable Atisha est venu au Tibet, il est d'abord allé à Ngari, où il est resté deux ans. Il y donna de nombreux enseignements aux disciples de Djangtchoub Eu. Au bout de deux ans, il décida de retourner en Inde. Djangtchoub Eu lui fit alors la requête de donner un dernier enseignement avant de partir. Atisha répondit qu'il leur avait déjà donné tous les conseils dont ils avaient besoin, mais Djangtchoub Eu persista dans sa requête, alors Atisha accepta et leur donna les conseils suivants :

Comme c'est merveilleux !

Mes amis, puisque déjà votre connaissance est grande et votre compréhension claire, alors que je n'ai aucune importance et peu de sagesse, il ne convient pas que vous me demandiez conseil. Mais, mes chers amis que je chéris du fond du cœur, puisque vous me l'avez demandé, à moi dont l'esprit est inférieur et enfantin, je vais vous donner ces conseils essentiels.

Mes amis, jusqu'à ce que vous atteigniez l'illumination, l'enseignant spirituel est indispensable, c'est pourquoi il faut vous en remettre au saint guide spirituel.

Jusqu'à ce que vous réalisiez la vérité ultime, l'écoute est indispensable, c'est pourquoi il faut écouter les instructions du guide spirituel.

Puisque vous ne pouvez pas devenir un bouddha simplement en comprenant le dharma, pratiquez-le avec sérieux et une bonne compréhension.

Évitez les lieux qui troublent votre esprit et demeurez toujours là où vos vertus grandissent.

Jusqu'à ce que vous accomplissiez des réalisations stables, les divertissements ordinaires sont nuisibles, demeurez donc là où il n'y a pas de telles distractions.

Évitez les amis qui provoquent l'aggravation de vos perturbations mentales, et faites confiance à ceux qui font grandir votre vertu. Vous devez prendre cela à cœur.

Puisqu'il n'y aura jamais un moment où les activités ordinaires prendront fin, limitez vos activités.

Dédiez vos vertus tout au long du jour et de la nuit, et observez toujours votre esprit.

Puisque vous avez reçu des conseils, chaque fois que vous ne méditez pas, que votre pratique soit toujours en accord avec les paroles de votre guide spirituel.

Si vous pratiquez avec une grande dévotion, les résultats se produiront immédiatement, sans que vous ayez à attendre longtemps.

Si, du fond du cœur, vous pratiquez conformément au dharma, la nourriture et les ressources se trouveront naturellement.

Mes amis, les choses que vous désirez ne donnent pas plus de satisfaction que boire de l'eau de mer, pratiquez donc le contentement.

Évitez tout esprit hautain, prétentieux, orgueilleux et arrogant, et restez paisibles et soumis.

Évitez les activités qui sont dites méritoires, mais qui en fait font obstacle au dharma.

Le profit et le respect qu'on reçoit sont les lassos des maras, écartez-les donc comme des pierres sur votre chemin.

Les compliments et la renommée ne servent qu'à nous enjôler, soufflez donc dessus tout comme on se mouche le nez.

Puisque le bonheur, le plaisir et les amis que vous avez au cours de cette vie ne durent qu'un moment, laissez-les tous derrière vous.

Puisque les vies futures dureront très longtemps, amassez des richesses qui vous seront utiles à l'avenir.

Vous devrez partir en laissant tout derrière vous, ne soyez donc pas attachés à quoi que ce soit.

Faites naître en vous la compassion pour les êtres faibles et évitez surtout de les mépriser et de les humilier.

N'ayez ni haine pour vos ennemis ni attachement pour vos amis.

Ne soyez pas jaloux des qualités des autres, mais adoptez-les par admiration.

Ne cherchez pas à voir les défauts des autres, mais recherchez les vôtres et purgez-vous-en comme si c'était du mauvais sang.

Ne contemplez pas vos propres qualités, mais contemplez celles des autres et respectez chacun comme le ferait un serviteur.

Considérez tous les êtres vivants comme vos père et mère, et aimez-les comme si vous étiez leur enfant.

Gardez toujours un visage souriant et un esprit affectueux, et parlez honnêtement, sans méchanceté.

Si vous parlez trop sans avoir grand-chose à dire, vous ferez des erreurs, parlez donc avec modération et seulement lorsque c'est nécessaire.

Si vous vous engagez dans de nombreuses activités qui n'ont aucun sens, celles qui sont vertueuses vont dégénérer, aussi cessez les activités qui ne sont pas spirituelles.

Cela n'a aucun sens de faire des efforts dans des activités qui n'ont pas d'essence.

Si les choses que vous désirez ne viennent pas, cela est dû à un karma créé il y a longtemps, ayez donc toujours un esprit heureux et détendu.

Faites attention, offenser un être saint est pire que mourir, soyez donc honnêtes et francs.

Puisque tout le bonheur et toute la souffrance de cette vie proviennent d'actions antérieures, ne rejettez pas la faute sur les autres.

Tout votre bonheur vient des bénédictions de votre guide spirituel, rendez-lui donc toujours sa bonté.

Puisque vous ne pouvez pas dompter l'esprit des autres avant d'avoir dompté le vôtre, commencez par dompter votre propre esprit.

Puisqu'il est certain que vous devrez partir sans les richesses que vous avez accumulées, n'accumulez pas de négativité pour les acquérir.

Les plaisirs distrayants n'ont aucune essence, pratiquez donc sincèrement le don.

Observez toujours une discipline morale pure, car elle conduit à la beauté dans cette vie et au bonheur par la suite.

Puisque la haine sévit en ces temps impurs, portez l'armure de la patience, exempte de colère.

Vous demeurez dans le samsara par le pouvoir de la paresse, allumez donc le feu de l'effort de l'application.

Puisque cette vie humaine est gâchée en nous livrant aux distractions, c'est maintenant le moment de pratiquer la concentration.

En étant sous l'influence de vues erronées, vous ne réalisez pas la nature ultime des choses, examinez donc les significations correctes.

Mes amis, il n'y a pas de bonheur dans ce marécage du samsara, aussi allez jusqu'à la terre ferme de la libération.

Méditez selon les conseils de votre guide spirituel et asséchez la rivière des souffrances samsariques.

Vous devriez bien réfléchir à cela, car ce ne sont pas seulement des mots qui viennent de la bouche, mais des conseils sincères qui viennent du cœur.

Si vous pratiquez ainsi, j'en serai ravi et vous apporterez le bonheur à vous-mêmes et aux autres.

Moi qui suis un ignorant, je vous fais la requête de prendre ces conseils à cœur.

Voici les conseils que l'être saint, le vénérable Atisha, a donnés au vénérable Djangtchoub Eu.

Les Trois Aspects principaux de la voie de l'illumination

de Djé Tsongkhapa, le bouddha de la sagesse

Hommage au vénérable guide spirituel.

Je vais expliquer au mieux de ma capacité
La signification essentielle des enseignements de tous les bouddhas [le renoncement],
La voie principale des bodhissattvas, qui ont de la compassion pour tous les êtres vivants [la bodhitchitta],
Et la voie ultime des êtres fortunés qui recherchent la libération [la vue correcte de la vacuité].

Ne sois pas attaché aux plaisirs de ce monde,
Mais essaie de trouver le véritable sens de la vie humaine,
En écoutant et en pratiquant les instructions données ici,
Que tous les bouddhas précédents ont pratiqué avec ravissement.

L'attachement à la réalisation de tes propres souhaits (le désir incontrôlé),
Est la cause principale de tes propres problèmes et souffrances.
Et il n'y a aucune méthode permettant de l'abandonner sans d'abord développer le renoncement.
Ainsi, fais de grands efforts pour développer et maintenir un renoncement pur.

Quand, grâce à un entraînement quotidien, tu développes les pensées spontanées :
« Il se peut que je meure aujourd'hui » et « une précieuse vie humaine est si rare »,
Et tu médites sur la vérité du karma et des souffrances du cycle de la vie impure, le samsara,
Ton attachement aux plaisirs de ce monde cessera.

De cette manière, lorsque le désir incontrôlé pour les plaisirs de ce monde
Ne se manifeste pas, pas même un instant,
Et qu'un esprit aspirant ardemment à la libération (le nirvana) se manifeste jour et nuit sans interruption,
Un renoncement pur est alors généré

Toutefois, si ce renoncement n'est pas maintenu
Par l'esprit de compassion, la bodhitchitta,
Il ne sera pas cause du bonheur insurpassé, l'illumination ;
Par conséquent, tu dois faire l'effort de faire naître en toi l'esprit précieux de bodhitchitta.

Emportés par les courants des quatre puissants fleuves [la naissance, le vieillissement, la maladie et la mort],
Fermement liés par les chaînes du karma, si difficiles à défaire,
Piégés dans le filet d'acier de la saisie d'un soi,
Enveloppés complètement par l'obscurité totale de l'ignorance,

Prenant renaissance après renaissance dans le samsara sans limite,
Et constamment tourmentés par les trois souffrances [les sensations douloureuses, la souffrance changeante et la souffrance pénétrante]

Fais naître en toi l'esprit suprême, la bodhitchitta
En contemplant l'état de tous les êtres vivants, tes mères, qui sont dans de telles conditions.

Mais, même si le renoncement et la bodhitchitta te sont familiers,
Si tu ne possèdes pas la sagesse qui réalise la manière dont les choses sont réellement,
Tu ne seras pas capable de trancher la racine du samsara ;
Par conséquent, emploie-toi aux moyens permettant de réaliser la relation dépendante.

Lorsque tu vois clairement les phénomènes tels que samsara et nirvana, et cause et effet, tels qu'ils existent
Et que simultanément tu vois que tous les phénomènes que tu vois ou perçois habituellement n'existent pas
Tu es entré sur la voie de la vue correcte de la vacuité,
Et ravit ainsi tous les bouddhas.

Si tu perçois et crois que l'apparence (les phénomènes),
Et le vide (la vacuité des phénomènes),
Sont dualistes,
Tu n'as pas encore réalisé l'intention de Bouddha.

Si, par le simple fait de voir que les choses existent
En dépendance de leur simple nom,
Ta saisie d'un soi est réduite ou cesse,
À cet instant-là, ta compréhension de la vacuité est complète.

Par ailleurs, si tu réfutes l'extrême de l'existence
Simplement en réalisant que les phénomènes sont juste simple apparence,

Et si tu réfutes l'extrême de l'inexistence
Simplement en réalisant que tous les phénomènes que tu vois ou perçois habituellement n'existent pas ;

Et si tu réalises comment, par exemple, la vacuité de la cause et de l'effet
Est perçue comme cause et effet,
Puisqu'il n'y a aucune cause et effet autre que vacuité,
Avec ces réalisations, la vue extrême ne te fera pas de mal.

Lorsque, de cette manière, tu as correctement réalisé les points essentiels
Des trois principaux aspects de la voie,
Cher ami, retire-toi en retraite solitaire, génère et maintient un effort puissant,
Et accomplis rapidement le but final.

Colophon : ces deux textes ont été traduits sous la direction compatissante de Vénérable Guéshé Kelsang Gyatso Rinpotché. *Les Trois Aspects principaux de la voie de l'illumination* a été traduit le 4 juin 2017, jour anniversaire de la rotation de la roue du dharma par Bouddha.

Glossaire

Amour Un esprit qui désire que les autres soient heureux. Il y en a trois types : l'amour affectueux, l'amour qui chérit et se préoccupe des autres, et l'amour désirant. Voir *Un Bouddhisme moderne*, *Comment Transformer votre vie* et *La Voie joyeuse*.

Atisha (982-1054) Célèbre érudit bouddhiste et maître de méditation indien. Il fut l'abbé du grand monastère bouddhiste de Vikramashila à l'époque où le bouddhisme mahayana était florissant en Inde. Par la suite, il fut invité au Tibet et sa venue permit le rétablissement du bouddhisme au Tibet. Il est l'auteur du premier texte sur les étapes de la voie, *La Lampe pour la voie*. Plus tard sa tradition fut appelée la *tradition kadampa*. Voir *Un Bouddhisme moderne* et *La Voie joyeuse*.

Attachement Un facteur mental perturbé qui observe un objet contaminé, le considère comme une cause de bonheur et le désire. Voir *La Voie joyeuse* et *Comment Comprendre l'esprit*.

Attention Un facteur mental dont la fonction est de ne pas oublier l'objet réalisé par l'esprit principal. Voir *Comment Comprendre l'esprit*.

Avalokiteshvara La personnification de la compassion de tous les bouddhas. Parfois il apparaît avec un visage et quatre bras, et parfois avec onze visages et mille bras. Son nom est *Tchènrézig* en tibétain. Voir *Vivre une vie pleine de sens, mourir dans la joie*.

Bénédiction *Djine gyi lab pa* en tibétain. La transformation de notre esprit d'un état négatif en un état positif, d'un état malheureux en un état heureux ou d'un état de faiblesse en un état de force, grâce à l'inspiration d'êtres saints, tels que notre guide spirituel, les bouddhas et les bodhissattvas.

Bodhisattva Une personne qui a fait naître en lui la bodhitchitta spontanée mais qui n'est pas encore devenue un bouddha. Voir *La Voie joyeuse* et *Trésor de contemplation*.

Bodhitchitta Terme sanscrit qui signifie *esprit d'illumination*. *Bodhi* signifie *illumination*, et *tchitta esprit*. Il y a deux types de bodhitchitta : la bodhitchitta conventionnelle et la bodhitchitta ultime. Le terme *bodhitchitta* se rapporte généralement à la bodhitchitta conventionnelle, qui est un esprit principal, motivé par la grande compassion, qui recherche spontanément l'illumination pour venir en aide à tous les êtres vivants. On distingue deux types de bodhitchitta conventionnelle : la bodhitchitta qui aspire et la bodhitchitta qui s'engage. La bodhitchitta ultime est une sagesse, motivée par la bodhitchitta conventionnelle, qui réalise directement la vacuité, la nature ultime des phénomènes. Voir *Un Bouddhisme moderne, Huit Étapes vers le bonheur, La Voie joyeuse* et *Trésor de contemplation*.

Bouddha De manière générale, *bouddha* veut dire *être éveillé*, quelqu'un qui s'est réveillé du sommeil de l'ignorance et voit les choses telles qu'elles sont. Un bouddha est une personne qui est complètement libérée de tout défaut et de toute obstruction mentale. Tous les êtres vivants ont le potentiel de devenir un bouddha. Cf. *Bouddha Shakyamouni*. Voir *Un Bouddhisme moderne* et *La Voie joyeuse*.

Bouddha Shakyamouni Le bouddha fondateur de la religion bouddhiste. Voir *Introduction au bouddhisme*.

Bouddhéité Synonyme de pleine illumination.

Bouddhiste Toute personne qui, du fond du cœur, prend refuge en les trois joyaux : le bouddha joyau, le dharma joyau et le sangha joyau. Voir *Introduction au bouddhisme*.

Canal central Le canal principal situé au centre même de notre corps, le long duquel se trouvent les roues des canaux. Voir *Les Terres et les Voies tantriques*.

Claire lumière Un esprit manifeste très subtil qui perçoit une apparence semblable à un espace clair et vide. Voir *Un Bouddhisme moderne, Claire Lumière de félicité* et *Les Terres et les Voies tantriques*.

Compassion Un esprit vertueux qui désire que les autres soient libérés de la souffrance. Voir *Un Bouddhisme moderne* et *Huit Étapes vers le bonheur*.

Conquérant Un bouddha est appelé *conquérant* parce qu'il ou elle a conquis les quatre types de maras. Cf. *Mara*.

Contentement Être satisfait de ses propres conditions extérieures et intérieures, notre motivation étant une intention vertueuse.

Dédier Dédier est une intention vertueuse dont la fonction est en même temps d'empêcher que la vertu que nous avons accumulée ne dégénère et de la faire croître. Voir *La Voie joyeuse*.

Dharmapala Terme sanscrit pour *protecteur du dharma*, une manifestation d'un bouddha ou d'un bodhissattva dont la fonction principale est d'éliminer les obstacles et de réunir toutes les conditions nécessaires pour ceux qui pratiquent le dharma avec pureté. Voir *Le Joyau du cœur*.

Djé Tsongkhapa (1357-1419) Émanation de Mandjoushri, le Bouddha de la Sagesse. Son apparition en tant que moine tibétain au XIVe siècle et tenant de la lignée de la vue et des actions pures fut prophétisée par Bouddha. Il répandit un bouddhadharma très pur dans l'ensemble du Tibet, montra comment combiner les pratiques du soutra et du tantra, et comment pratiquer un dharma pur pendant une époque dégénérée. Sa tradition fut connue plus tard sous le nom de *tradition gandèn* ou *guéloug*. Voir *Le Joyau du cœur* et *Grand Trésor de mérite*.

Empreinte Il y a deux types d'empreintes : les empreintes des actions et les empreintes des perturbations mentales. Toutes les actions que nous effectuons laissent une empreinte sur la conscience mentale et ces empreintes sont des potentialités karmiques qui nous feront éprouver à l'avenir certains effets. Les empreintes laissées par les perturbations mentales restent même après que celles-ci ont été abandonnées, à la manière d'une odeur d'ail qui persiste dans un récipient longtemps après que l'ail en a été retiré. Les empreintes des perturbations mentales sont les obstructions à l'omniscience et elles ne sont complètement abandonnées que par les bouddhas.

Étapes de la voie Cf. *Lamrim*.

État intermédiaire *Bardo* en tibétain. L'état entre la mort et la renaissance. Il commence au moment où la conscience quitte le corps et cesse au moment où la conscience entre dans le corps de la vie suivante. Voir *La Voie joyeuse.*

Être vivant Tout être qui possède un esprit contaminé par des perturbations mentales ou leurs empreintes. Les termes *être sensible* et *être vivant* sont tous deux utilisés pour distinguer les êtres, dont l'esprit est contaminé par l'une de ces deux obstructions, des bouddhas dont l'esprit en est totalement libéré.

Existence intrinsèque Un mode d'existence imaginé qui nous fait croire que les phénomènes existent de leur propre côté, indépendants des autres phénomènes. Tous les phénomènes sont en réalité dépourvus d'existence intrinsèque parce qu'ils dépendent de leurs parties. Voir *Un Bouddhisme moderne* et *Le Nouveau Cœur de la sagesse.*

Existence vraie Existence qui ne dépend en aucune manière d'une imputation conceptuelle.

Extrêmes de l'existence et de la non-existence Bouddha explique la voie du milieu en réfutant les deux extrêmes : l'extrême de l'existence (les phénomènes existent de façon intrinsèque) et l'extrême de la non-existence (les phénomènes n'existent pas du tout).

Foi Un esprit naturellement vertueux dont la fonction principale est de s'opposer à la perception de défauts dans son objet observé. Il y a trois types de foi : la foi croyante, la foi admirative et la foi désirante. Voir *Un Bouddhisme moderne, Comment Transformer votre vie* et *Comment Comprendre l'esprit.*

Guéshé Un titre donné dans les monastères kadampas aux érudits bouddhistes accomplis. C'est la forme contractée du tibétain *gué wai shé nyèn* qui signifie littéralement *ami vertueux.*

Guide spirituel *Gourou* en sanscrit, *lama* en tibétain. Un enseignant qui nous guide sur la voie spirituelle. Voir *Un Bouddhisme moderne, La Voie joyeuse* et *Grand Trésor de mérite.*

Illumination Sagesse omnisciente libérée de toute apparence fausse. Voir *Un Bouddhisme moderne, Comment Transformer votre vie* et *La Voie joyeuse.*

Imputation Selon l'école madhyamika-prassanghika, tous les phénomènes sont simplement imputés par la conception en dépendance de leur base d'imputation. Ils sont donc de simples imputations et n'existent absolument pas de leur propre côté. Voir *Un Bouddhisme moderne* et *Le Nouveau Cœur de la sagesse.*

Karma Terme sanscrit qui signifie *action*. Par la force de l'intention, nous accomplissons des actions avec notre corps, notre parole et notre esprit, et toutes ces actions produisent des effets. L'effet des actions vertueuses est le bonheur et l'effet des actions négatives la souffrance. Voir *Un Bouddhisme moderne* et *La Voie joyeuse.*

Lamrim Mot tibétain qui signifie littéralement *étapes de la voie.* C'est une présentation particulière de tous les enseignements de Bouddha, qui est facile à comprendre et à mettre en pratique. Il révèle toutes les étapes de la voie de l'illumination. Pour un commentaire complet, voir *La Voie joyeuse.*

Le Guide du mode de vie du bodhissattva Un texte classique du bouddhisme mahayana, composé par le grand yogi et érudit bouddhiste indien, Shantidéva. Il présente toutes les pratiques d'un bodhissattva, en partant de la première génération de la bodhitchitta jusqu'à l'accomplissement de la pratique des six perfections. Vous en trouverez une traduction dans *Le Guide du mode de vie du bodhissattva*, et un commentaire complet dans *Trésor de contemplation*.

Mahayana Terme sanscrit pour *grand véhicule*, la voie spirituelle de la grande illumination. Le but mahayana est d'atteindre la bouddhéité pour le bien de tous les êtres vivants en abandonnant complètement les perturbations mentales et leurs empreintes. Voir *La Voie joyeuse* et *Trésor de contemplation.*

Mandjoushri La personnification de la sagesse de tous les bouddhas.

Mantra Terme sanscrit qui signifie littéralement *protection de l'esprit*. Le mantra protège l'esprit des apparences et des conceptions ordinaires. Il y a quatre types de mantras : les mantras qui sont esprit, les mantras qui sont vent intérieur, les mantras qui sont son et les mantras qui sont forme. De manière générale, il y a trois types de récitations de mantra : la récitation verbale, la récitation mentale et la récitation vajra. Voir *Les Terres et les Voies tantriques.*

Mara *Mara* est le terme sanscrit pour *démon*, et se rapporte à tout ce qui fait obstacle à l'accomplissement de la libération ou de l'illumination. Il y a quatre types principaux de maras : le mara des perturbations mentales, le mara des agrégats contaminés, le mara de la mort incontrôlée et les maras Dévapoutra. Seuls ces derniers sont de véritables êtres sensibles. Voir *Le Nouveau Cœur de la sagesse.*

Mérite L'énergie positive créée par les actions vertueuses. C'est le pouvoir potentiel d'accroître nos qualités et de produire le bonheur.

Nouvelle Tradition Kadampa (NTK) L'union internationale du bouddhisme kadampa, une association internationale de centres d'étude et de méditation qui suit la tradition pure du bouddhisme mahayana, établie par l'érudit et méditant bouddhiste Djé Tsongkhapa. Cette tradition a été introduite en Occident par l'enseignant bouddhiste, Vénérable Guéshé Kelsang Gyatso.

Offrande de mandala Une offrande de tout l'univers visualisé en tant que pays pur et tous ses habitants en tant qu'êtres purs.

Orgueil Un facteur mental perturbé qui se sent arrogant en considérant nos propres qualités ou nos biens et en exagérant leur importance. Voir *Comment Comprendre l'esprit.*

Perception erronée Un connaisseur qui est dans l'erreur en ce qui concerne son objet engagé. Voir *Comment Comprendre l'esprit.*

Perturbation mentale Un facteur mental qui provient d'une focalisation inappropriée et dont la fonction est de rendre l'esprit non paisible et incontrôlé. Il y a trois perturbations mentales principales : l'ignorance, l'attachement désirant et la colère. Ce sont elles qui donnent naissance à toutes les autres perturbations mentales, telles que la jalousie, l'orgueil et le doute perturbé. Voir *Comment Comprendre l'esprit.*

Phénomène contaminé Tout phénomène qui donne naissance aux perturbations mentales ou qui est la cause de leur développement. Les environnements, les êtres et les plaisirs du samsara en sont des exemples. Voir *La Voie joyeuse.*

Poudja Une cérémonie au cours de laquelle nous faisons des offrandes et d'autres actes de dévotion devant les êtres saints.

Précieuse vie humaine Une vie qui possède les huit libertés et les dix dotations exceptionnelles qui la transforment en une opportunité idéale qui permet d'entraîner son esprit afin de réaliser toutes les étapes de la voie de l'illumination. Voir *Un Bouddhisme moderne, La Voie joyeuse* et *Le Nouveau Cœur de la sagesse.*

Préoccupation de soi Une attitude mentale qui considère sa propre personne comme étant suprêmement importante ou précieuse. Elle est considérée comme l'un des principaux objets à abandonner par les bodhissattvas. Voir *Un Bouddhisme moderne* et *Huit Étapes vers le bonheur.*

Prosternation Une action par laquelle nous témoignons notre respect avec le corps, la parole ou l'esprit. Voir *La Voie joyeuse* et *Le Vœu du bodhissattva.*

Purification De manière générale, toute pratique qui mène à l'accomplissement d'un corps pur, d'une parole pure ou d'un esprit pur. De façon plus précise, c'est une pratique qui sert à purifier le karma négatif en appliquant les quatre pouvoirs d'opposition. Voir *Trésor de contemplation* et *Le Vœu du bodhissattva.*

Réalisation Une expérience stable et sans erreur d'un objet vertueux, qui nous protège directement de la souffrance.

Refuge Véritable protection. Chercher refuge en Bouddha, le dharma et la sangha signifie avoir foi en ces trois joyaux et s'en remettre à eux afin d'être protégé contre toutes les peurs et toutes les souffrances. Voir *Un Bouddhisme moderne* et *La Voie joyeuse.*

Règne de l'enfer Le plus bas des six règnes du samsara. Voir *La Voie joyeuse.*

Règnes inférieurs Le règne de l'enfer, le règne des esprits affamés et le règne des animaux. Cf. *Samsara.*

Relation dépendante Un phénomène en relation dépendante est tout phénomène qui existe en dépendance d'autres phénomènes. Tous les phénomènes sont en relation dépendante, car tous les phénomènes dépendent de leurs parties. Parfois *en relation dépendante* (*tèn drel* en tibétain) est différent de *manifestation dépendante* (*tèn djoung* en tibétain), ce dernier signifiant : manifestation en dépendance de causes et de conditions. Cependant, ces deux termes sont souvent utilisés de manière interchangeable. Voir *Le Nouveau Cœur de sagesse* et *La Voie joyeuse.*

Roue de canaux *Chakra* en sanscrit. Un centre focal où des canaux secondaires se branchent sur le canal central. Méditer sur ces points permet de faire entrer des vents intérieurs dans le canal central. Voir *Les Terres et les Voies tantriques.*

Samsara On peut le comprendre de deux manières : comme étant un cycle de renaissances ininterrompues, sans liberté ni contrôle, ou comme étant le corps et l'esprit d'un être qui a pris une telle renaissance. Le samsara se caractérise par la souffrance et l'insatisfaction. Il comporte six règnes. Énumérés dans l'ordre ascendant, selon le type de karma qui nous y fait renaître, ce sont : les règnes des êtres de l'enfer, des esprits affamés, des animaux, des êtres humains, des demi-dieux et des dieux. Les trois premiers sont les règnes inférieurs, ou migrations malheureuses, et les trois derniers sont les règnes supérieurs ou migrations heureuses. Voir *La Voie joyeuse.*

Sensation Un facteur mental dont la fonction est de faire l'expérience d'objets agréables, désagréables ou neutres. Voir *Comment Comprendre l'esprit.*

Shantidéva (687-763) Un grand érudit bouddhiste et maître de méditation indien. Il est l'auteur du *Guide du mode de vie du bodhissattva.* Voir *Trésor de contemplation.*

Soutra Les enseignements de Bouddha que tout le monde peut pratiquer sans avoir reçu de transmission de pouvoir. Ils comprennent les enseignements de Bouddha des trois rotations de la roue du dharma. Voir *Un Bouddhisme moderne.*

Tantra Les enseignements du tantra se différencient des enseignements du soutra en ce qu'ils révèlent des méthodes pour entraîner l'esprit en amenant le résultat futur, la bouddhéité, dans la voie présente. Les pratiquants du tantra triomphent des apparences et des conceptions ordinaires en visualisant leur corps, leur environnement, leurs plaisirs et leurs actions comme étant ceux d'un bouddha. Le tantra est la voie suprême de la pleine illumination. Les pratiques tantriques sont à faire en privé et ceux qui ont reçu une transmission de pouvoir tantrique sont les seuls à pouvoir les pratiquer. Synonyme de *mantra secret.* Voir *Un Bouddhisme moderne, Le Mahamoudra du tantra* et *Les Terres et les Voies tantriques.*

Tathagata Le mot sanscrit pour un *être allé au-delà*, qui est un autre terme pour un bouddha.

Tchékhawa, Guéshé (1102-1176) Un grand bodhissattva kadampa qui a composé le texte *L'Entraînement de l'esprit en sept points*, un commentaire sur les *Huit Versets de l'entraînement de l'esprit* de Guéshé Langri Tangpa. Il a fait connaître l'étude et la pratique de l'entraînement de l'esprit dans tout le Tibet. Voir *La Compassion universelle.*

Temps dégénérés Une période au cours de laquelle l'activité spirituelle dégénère.

Temps sans commencement D'après la manière bouddhiste de voir le monde, l'esprit n'a pas de commencement et le temps n'a donc pas de commencement. Par conséquent, tous les êtres sensibles ont eu d'innombrables renaissances antérieures.

Tradition kadampa La tradition pure du bouddhisme fondée par Atisha. Jusqu'à l'époque de Djé Tsongkhapa, les adeptes de cette tradition sont appelés les *anciens kadampas* et, après Djé Tsongkhapa, les *nouveaux kadampas*. Cf. *Nouvelle tradition kadampa.* Voir *Un Bouddhisme moderne*

Trois joyaux Les trois objets du refuge : le bouddha joyau, le dharma joyau et le sangha joyau. On les appelle *joyaux* parce qu'ils sont à la fois rares et précieux. Voir *La Voie joyeuse.*

Vacuité Absence d'existence intrinsèque, la nature ultime de tous les phénomènes. Voir *Un Bouddhisme moderne* et *Le Nouveau Cœur de la sagesse.*

Vents intérieurs Vents subtils spéciaux liés à l'esprit, qui circulent dans les canaux de notre corps. Notre corps et notre esprit ne peuvent pas fonctionner sans ces vents. Voir *Un Bouddhisme moderne, Les Terres et les Voies tantriques, Le Mahamoudra du tantra* et *Claire Lumière de félicité.*

Vérité ultime La nature ultime de tous les phénomènes, la vacuité. Voir *Un Bouddhisme moderne* et *Le Nouveau Cœur de la sagesse.*

Vigilance Ce facteur mental est un type de sagesse qui examine l'activité de notre corps, de notre parole et de notre esprit, et qui sait si oui ou non des défauts se produisent. Voir *Comment Comprendre l'esprit.*

Vue erronée Une perception erronée formée intellectuellement qui nie l'existence d'un objet qu'il est nécessaire de comprendre pour atteindre la libération ou l'illumination, par exemple, nier l'existence des êtres pleinement éveillés, le karma ou la renaissance. Voir *La Voie joyeuse.*

Vue extrême Une vue perturbée qui observe le *je* (le *moi*) qui est l'objet conçu de la vue de l'assemblage transitoire et le saisit soit comme étant permanent, soit comme cessant complètement au moment de la mort. Voir *Comment Comprendre l'esprit.*

Yogi/Yoginî De manière générale, les termes sanscrits *yogi* et *yoginî* se rapportent respectivement à un homme ou une femme qui ont atteint l'union du calme stable et de la vision supérieure.

Bibliographie

Guéshé Kelsang Gyatso est un maître de méditation très respecté et un érudit de la tradition du bouddhisme mahayana, fondée par Djé Tsongkhapa. Guéshé Kelsang œuvre sans relâche, depuis son arrivée en Occident en 1977, pour établir dans le monde entier un bouddhadharma dans toute sa pureté. Durant toutes ces années, il a donné des enseignements détaillés sur les principaux textes du mahayana. Ces enseignements nous offrent une présentation complète des pratiques essentielles du soutra et du tantra du bouddhisme mahayana.

Livres

Les livres suivants de Guéshé Kelsang ont tous été publiés par les Éditions Tharpa, ou sont en cours de publication.

Claire Lumière de félicité Manuel de méditation tantrique.

Comment Résoudre nos problèmes humains Les quatre nobles vérités.

Comment Comprendre l'esprit La nature et le pouvoir de l'esprit.

Comment Transformer votre vie Un voyage plein de félicité.

Grand Trésor de mérite Comment s'en remettre à un guide spirituel.

Guide du mode de vie du bodhissattva Quand l'altruisme donne tout son sens à sa vie (une traduction de l'œuvre maîtresse de Shantidéva).

Huit Étapes vers le bonheur Le chemin de l'amour et de la bonté dans le bouddhisme.

Introduction au bouddhisme Une explication du mode de vie bouddhiste.

L'Essence du vajrayana La pratique du tantra du yoga suprême du mandala du corps de Bouddha Hérouka.

La Compassion universelle Des solutions inspirantes pour des temps difficiles.

La Voie joyeuse Toute la voie bouddhiste qui mène à l'illumination.

Le Joyau du cœur Les pratiques essentielles du bouddhisme kadampa.

Le Mahamoudra du tantra Le nectar suprême du joyau du cœur.

Le Nouveau Cœur de la sagesse Des enseignements profonds venant du cœur de Bouddha (une explication du *Soutra du cœur*).

Le Nouveau Guide du Pays des Dakinis La pratique du tantra du yoga suprême de Bouddha Vajrayogini.

Le Nouveau Manuel de méditation Des méditations pour une vie heureuse et pleine de sens.

Le Vœu du bodhissattva Un guide pratique qui explique comment aider les autres.

Les Instructions orales du mahamoudra (2e édition 2016) L'essence même des enseignements de Bouddha du soutra et du tantra.

Les Terres et les Voies tantriques Comment s'engager et progresser dans la voie vajrayana, et la mener à terme.

Océan de nectar La vraie nature de toute chose.

Trésor de contemplation Devenir un ami du monde.

Un Bouddhisme moderne La voie de la compassion et de la sagesse.

Vivre une vie pleine de sens, mourir dans la joie La profonde pratique du transfert de conscience.

Sadhanas et autres livrets

Guéshé Kelsang a également supervisé la traduction d'une série de sadhanas (prières rituelles pour atteindre des accomplissements spirituels) essentielles, disponible en version imprimée et au format audio.

Goutte de nectar essentiel Une pratique spéciale de jeûne et de purification en conjonction avec Avalokiteshvara à onze visages.

L'Assemblée de la bonne fortune L'offrande de tsog pour le mandala du corps de Hérouka.

L'Essence de la bonne fortune Les prières pour les six pratiques préparatoires de la méditation sur les étapes de la voie de l'illumination.

L'Essence du vajrayana condensée La sadhana condensée d'autogénération du mandala du corps de Hérouka.

L'Essence du vajrayana La sadhana d'autogénération du mandala du corps de Hérouka selon le système du mahassiddha Ghantapa.

L'Offrande au guide spirituel (Lama tcheupa) Une pratique spéciale du yoga du guide spirituel de la tradition de Djé Tsongkhapa.

L'Union ne nécessitant plus d'apprendre La sadhana d'auto-initiation du mandala du corps de Hérouka.

La Cérémonie de refuge mahayana et du vœu du bodhissattva.

La Cérémonie des vœux de la pratimoksha.

La Cérémonie du powa Le transfert de conscience pour les défunts.

La Confession des chutes morales du bodhissattva La pratique de la purification du Soutra mahayana des trois cumuls supérieurs.

La Grande Libération de la Mère Les prières préliminaires pour la méditation du mahamoudra en conjonction avec la pratique de Vajrayogini.

La Grande Libération du Père Les prières préliminaires pour la méditation du mahamoudra en conjonction avec la pratique de Hérouka.

La Grande Mère Une méthode pour surmonter les difficultés et les obstacles par la récitation du Soutra de l'essence de la sagesse (le *Soutra du cœur*).

La Nouvelle Essence du vajrayana La pratique de l'autogénération du mandala du corps de Hérouka, une instruction de la lignée orale gandèn

La Pratique condensée de longue vie de Bouddha Amitayous.

La Prière libératrice Louanges à Bouddha Shakyamouni.

La Sadhana d'Avalokiteshvara Prières et requêtes au bouddha de la compassion.

La Sadhana du Bouddha de la Médecine Une méthode pour atteindre les accomplissements du Bouddha de la Médecine.

La Voie de la compassion pour le défunt Une sadhana de powa pour le bien du défunt.

La Voie de la félicité La sadhana condensée d'autogénération de Vajrayogini.

La Voie rapide Une pratique condensée des cinq déités de Hérouka selon la tradition de maître Ghantapa.

La Voie rapide vers la grande félicité La longue sadhana d'autogénération de Vajrayogini.

Le Chemin vers le pays pur L'entraînement au powa, le transfert de conscience.

Le Festin de la grande félicité La sadhana d'auto-initiation de Vajrayogini.

Le Joyau du cœur Le yoga du guide spirituel de Djé Tsongkhapa, combiné avec la sadhana condensée de son protecteur du dharma.

Le Joyau qui exauce les souhaits Le yoga du guide spirituel de Djé Tsongkhapa, combiné avec la sadhana de son protecteur du dharma.

Le Mode de vie kadampa Les pratiques essentielles du Lamrim kadam.

Le Roi du dharma Une méthode pour accomplir l'autogénération en Djé Tsongkhapa.

Le Tantra racine de Hérouka et Vajrayogini Les chapitres un et cinquante-et-un du Tantra racine condensé de Hérouka.

Le Yoga d'Avalokiteshvara à mille bras La sadhana d'autogénération.

Le Yoga de Arya Tara, notre mère pleinement éveillée La sadhana d'autogénération.

Le Yoga de Bouddha Amitayous Une méthode spéciale pour accroître la durée de vie, la sagesse et le mérite.

Le Yoga de Bouddha Hérouka La sadhana essentielle d'autogénération du mandala du corps de Hérouka & le yoga condensé en six séances.

Le Yoga de Bouddha Maitréya La sadhana d'autogénération en Bouddha Maitréya.

Le Yoga de Bouddha Vajrapani La sadhana d'autogénération en Bouddha Vajrapani.

Le Yoga de la Dakini La sadhana intermédiaire d'autogénération de Vajrayogini.

Le Yoga de la Grande Mère Prajnaparamita La sadhana d'autogénération.

Le Yoga de Tara Blanche, le bouddha de la longue vie.

Le Yoga non commun de l'inconcevabilité L'instruction spéciale sur la manière d'atteindre le pays pur de Kéajra avec ce corps humain.

Les Centaines de déités du pays joyeux selon le tantra du yoga suprême Le yoga du guide spirituel de Djé Tsongkhapa comme pratique préliminaire du mahamoudra

Les Huit Versets de l'entraînement de l'esprit : le texte racine.

Les Prières qui viennent du fond du cœur Service funéraire pour les crémations et les enterrements.

Les Vœux et Les Engagements du bouddhisme kadampa.

Libération hors de la douleur Prières et requêtes aux vingt et une Tara.

Manuel pour la pratique quotidienne des vœux du bodhissattva et des vœux tantriques.

Méditation et récitation de Vajrassattva Solitaire.

Prière adressée au Bouddha de la Médecine Une méthode pour venir en aide aux autres.

Prières pour la méditation Courtes prières préparatoires pour la méditation.

Prières pour la paix dans le monde.

Requête au saint guide spirituel Vénérable Guéshé Kelsang Gyatso, provenant de ses disciples fidèles.

Tambour mélodieux victorieux dans toutes les directions Le long rituel, pour exaucer et restaurer, du protecteur du dharma, le grand roi Dordjé Shougdèn, en conjonction avec Mahakala, Kalaroupa, Kali'ndéwi et d'autres protecteurs du dharma.

Trésor de sagesse La sadhana de Vénérable Mandjoushri.

Une Vie pure La pratique de la prise et de l'observation des huit préceptes mahayanas.

Pour commander une de ces publications, ou recevoir la liste la plus récente, vous pouvez vous rendre sur le site www.tharpa.com ou contacter l'antenne Tharpa la plus proche de chez vous, dont la liste figure page 171.

Les programmes d'étude du bouddhisme kadampa

Le bouddhisme kadampa est une école du bouddhisme mahayana fondée par le grand maître bouddhiste indien, Atisha (982-1054). Ceux qui suivent cette école sont appelés les *kadampas*. *Ka* veut dire « parole » et désigne les enseignements de Bouddha, et *dam* désigne les instructions spéciales du Lamrim d'Atisha, appelées « les étapes de la voie de l'illumination ». C'est en intégrant leur connaissance de tous les enseignements de Bouddha dans la pratique du Lamrim, qu'ils utilisent dans leur vie quotidienne, que les bouddhistes kadampas sont amenés à se servir des enseignements de Bouddha pour transformer leurs activités de tous les jours en la voie de l'illumination. Les grands enseignants kadampas sont célèbres non seulement pour leur grande érudition, mais aussi pour la très grande pureté et la parfaite sincérité de leur pratique spirituelle.

La lignée de ces enseignements, c'est-à-dire leur transmission orale ainsi que leurs bénédictions, est passée d'enseignant à disciple et s'est répandue dans la plus grande partie de l'Asie, et maintenant dans de nombreux pays du monde entier. Les enseignements de Bouddha, ou dharma, sont comparés à une roue qui va d'un pays à un autre, selon les changements de conditions et les tendances karmiques des différentes personnes. La présentation du bouddhisme peut changer de forme en fonction des différentes sociétés et de leur culture, mais son authenticité essentielle est maintenue par la lignée ininterrompue de pratiquants réalisés qui en assurent la continuité.

Le bouddhisme kadampa a été d'abord introduit en Occident, en 1977, par le célèbre maître bouddhiste, Vénérable Guéshé Kelsang Gyatso. Depuis cette époque, il s'est montré infatigable dans ses efforts pour faire connaître le bouddhisme kadampa dans le monde entier, en donnant des enseignements détaillés, en écrivant de nombreux textes qui montrent la profondeur du bouddhisme kadampa et en fondant la Nouvelle Tradition Kadampa – l'Union Internationale du Bouddhisme Kadampa (NKT-IKBU), qui compte aujourd'hui environ 1200 centres et annexes du bouddhisme kadampa à travers le monde. Chacun de ces centres offre des programmes d'étude basés sur la psychologie, la philosophie et la méditation bouddhistes, ainsi que des retraites, pour des pratiquants de tous les niveaux. Une importance particulière est donnée à la mise en pratique des enseignements de Bouddha dans la vie de tous les jours, pour que partout dans le monde nos problèmes quotidiens puissent être résolus et que chacun connaisse une paix et un bonheur durables.

Le bouddhisme kadampa de la NKT-IKBU est une tradition bouddhiste entièrement indépendante, sans aucune affiliation politique. C'est une association de centres et de pratiquants bouddhistes qui s'inspirent de l'exemple donné par les anciens maîtres bouddhistes kadampas et suivent leurs enseignements, tels qu'ils sont présentés par Guéshé Kelsang.

Il y a trois raisons pour lesquelles nous avons besoin d'étudier et de pratiquer les enseignements de Bouddha : développer notre sagesse, cultiver un bon cœur et maintenir un état d'esprit paisible. Si nous ne nous efforçons pas de développer notre sagesse, nous resterons toujours ignorants de la vérité ultime, la vraie nature de la réalité. Bien que nous désirions être heureux, notre ignorance nous fait commettre des actions non vertueuses qui sont la cause principale de toutes nos souffrances. Si nous ne cultivons pas un bon cœur, notre motivation égoïste détruira nos relations harmonieuses avec les autres. Nous ne vivrons pas dans la paix et n'aurons pas la possibilité d'obtenir un bonheur pur. Sans paix intérieure, la paix extérieure est impossible. Si notre esprit n'est pas en paix, nous ne sommes pas heureux même lorsque les conditions extérieures sont excellentes, mais si par contre notre esprit est en paix, nous sommes heureux, même lorsque les conditions extérieures sont mauvaises. Voilà pourquoi le développement de ces qualités est de la plus haute importance pour notre bonheur quotidien.

Vénérable Guéshé Kelsang, également affectueusement appelé *Guéshé-la* par ses étudiants, a conçu trois programmes spirituels spécifiques pour permettre l'étude et la pratique du bouddhisme kadampa de façon méthodique. Ces programmes d'études, qui conviennent particulièrement à notre vie moderne, sont les suivants : le programme général (PG), le programme fondamental (PF) et le programme de formation des enseignants (PFE).

LE PROGRAMME GÉNÉRAL

Le programme général présente une introduction des bases de la pensée, de la méditation et du mode de vie bouddhistes, qui convient aux débutants. Il comprend aussi des enseignements et des pratiques plus avancés du soutra et du tantra.

LE PROGRAMME FONDAMENTAL

Le programme fondamental offre la possibilité d'approfondir sa compréhension et son expérience du bouddhisme grâce à une étude méthodique de six textes :

1. *La Voie joyeuse* – un commentaire du texte du Lamrim composé par Atisha, les étapes de la voie de l'illumination.
2. *La Compassion universelle* – un commentaire de *L'Entraînement de l'esprit en sept points* du bodhissattva Tchékhawa.

3. *Huit Étapes vers le bonheur* – un commentaire des *Huit Versets de l'entraînement de l'esprit* du bodhissattva Langri Tangpa.
4. *Le Nouveau Cœur de la sagesse* – un commentaire du *Soutra du cœur*.
5. *Trésor de contemplation* – un commentaire du *Guide du mode de vie du bodhissattva* du vénérable Shantidéva.
6. *Comment Comprendre l'esprit* – une explication détaillée de l'esprit, basée sur les œuvres des érudits bouddhistes, Dharmakirti et Dignaga.

Étudier ces textes et les mettre en pratique nous apportera les bienfaits suivants :

(1) *La Voie joyeuse* : nous obtenons la capacité de mettre tous les enseignements de Bouddha en pratique, que ce soit le soutra ou le tantra. Nous pouvons facilement faire des progrès, mener à leur terme les étapes de la voie pour atteindre le bonheur suprême de l'illumination. D'un point de vue pratique, le Lamrim est le corps principal des enseignements de Bouddha et les autres enseignements en sont les membres.

(2) et (3) *La Compassion universelle* et *Huit Étapes vers le bonheur* : nous obtenons la capacité d'intégrer tous les enseignements de Bouddha dans notre vie de tous les jours et de résoudre tous nos problèmes.

(4) *Le Nouveau Cœur de la sagesse* : nous obtenons une réalisation de la nature ultime de la réalité. En obtenant cette réalisation, nous pouvons éliminer l'ignorance de la saisie d'un soi, la racine de toutes nos souffrances.

(5) *Trésor de contemplation* : nous transformons nos activités quotidiennes en le mode de vie d'un bodhissattva, arrivant de cette façon à donner un sens à chaque instant de notre vie humaine.

(6) *Comment Comprendre l'esprit* : nous comprenons la relation qui existe entre notre esprit et les objets extérieurs. Si nous comprenons que les objets dépendent de notre esprit subjectif, nous pouvons changer la manière dont ceux-ci nous apparaissent en changeant notre esprit. Nous allons progressivement obtenir la capacité de contrôler notre esprit et résoudre ainsi tous nos problèmes.

LE PROGRAMME DE FORMATION DES ENSEIGNANTS

Le programme de formation des enseignants est destiné à ceux qui désirent devenir de véritables enseignants du dharma. L'étudiant étudiera quatorze textes du soutra et du tantra, qui comprennent les six textes mentionnés précédemment, et il lui sera demandé d'observer certains engagements ayant trait au comportement et au mode de vie, ainsi que d'accomplir un certain nombre de retraites de méditation.

Un programme spécial de formation des enseignants est également organisé dans certains centres de méditation kadampa situés au cœur de la ville. Il s'agit d'un programme d'étude et de méditation spécial, axé sur les cinq livres suivants : *Un Bouddhisme moderne, Le Nouveau Cœur de la Sagesse, Le Nouveau Guide du Pays des Dakinis, La Voie joyeuse* et *Trésor de contemplation* (le commentaire du livre de Shantidéva *Le Guide du mode de vie du bodhissattva).*

Tous les centres du bouddhisme kadampa sont ouverts au public. Chaque année, des festivals, où est célébré le dharma, sont organisés partout dans le monde, dans de nombreux pays, dont deux en Angleterre. Des personnes viennent du monde entier pour recevoir des enseignements et des initiations ainsi que pour passer de bonnes vacances spirituelles. Vous êtes bienvenus pour visiter ces centres tout au long de l'année.

Pour d'autres informations sur les programmes d'étude de la NKT-IKBU et pour trouver le centre le plus proche de chez vous, contactez :

Pour la France :
Centre de Méditation Kadampa France
Château de Segrais
72220 Saint-Mars-d'Outillé, France
Tél. : (+33)(0)2 43 87 70 05
E-mail : info@KadampaFrance.org
Site web : www.KadampaFrance.org

Pour le Canada :
Centre de Méditation Kadampa de Montréal
835 Laurier Est
Montréal
Québec H2J 1G2,
Canada
Tél./Fax : (+1) 514 521 25 29
E-mail : info@meditationamontreal.org
Site web : www.meditationamontreal.org

Pour la Suisse :
Centre de Méditation Kadampa Genève
41 bis route de Frontenex
1207 Eaux-Vives (Genève), Suisse
Tél. : (+41) (0) 76 822 51 39
E-mail : info@mediter.ch
Site web : www.mediter.ch

Tharpa dans le monde

Les livres des Éditions Tharpa sont publiés en anglais (UK et US), allemand, chinois, espagnol, français, italien, japonais, et portugais. Ils sont disponibles dans toutes les antennes Tharpa suivantes :

France
Éditions Tharpa
Château de Segrais
72220 Saint-Mars-d'Outillé
FRANCE
Tél. : +33 (0)2 43 87 71 02
Fax : +33 (0)2 43 87 71 02
www.tharpa.com/fr/
info.fr@tharpa.com

Suisse
Tharpa Verlag
Mirabellenstrasse 1
8048 Zurich
SUISSE
Tél. : +41 44 401 02 20
Fax. : +41 44 461 36 88
www.tharpa.com/ch/
info.ch@tharpa.com

Grande-Bretagne
Tharpa Publications UK
Conishead Priory
Ulverston
Cumbria, LA12 9QQ, UK
Tél. : +44 (0)1229-588599
Fax. : +44 (0)1229-483919
www.tharpa.com/uk/
info.uk@tharpa.com

Espagne
Editorial Tharpa España
Calle La Fábrica 8,
28221, Majadahonda MADRID,
ESPAGNE
Tél : +34 911 124 914
www.tharpa.com/es
info.es@tharpa.com

Allemagne
Tharpa Verlag Deutschland
Chausseestraße 108,
10115 Berlin,
ALLEMAGNE
Tél : +49 (0)33055 222 135
Fax : +49 (0) 33055 207 992
www.tharpa.com/de/
info.de@tharpa.com

Portugal
Publicações Tharpa Portugal
Rua Moinho do Gato, 5
Várzea de Sintra
2710-661 SINTRA
PORTUGAL
Tel: +351 219231064
www.tharpa.pt
info.pt@tharpa.com

Canada
Éditions Tharpa Canada
631 rue Crawford
Toronto ON M6G 3K1
CANADA
Tél. : +1 416-762-8710
www.tharpa.com/ca/
info.ca@tharpa.com

Canada (Québec)
Éditions Tharpa Québec
835 Laurier est
Montréal, Québec
H2J 1G21 - CANADA
Tél. : +1-514-521-1313
www.tharpa.com/ca-fr/
info.ca-fr@tharpa.com

États-Unis
Tharpa Publications USA
47 Sweeney Road
Glen Spey NY 12737
USA
Tél. : +1 845-856-5102
Toll-free : 888-741-3475
Fax : +1 845-856-2110
www.tharpa.com/us/
info.us@tharpa.com

Australie
Tharpa Publications Australia
25 McCarthy Road (PO Box 63)
Monbulk Vic 3793
AUSTRALIA
Tél. : +61 (0)3 9756 7203
www.tharpa.com/au/
info.au@tharpa.com

Mexique
Tharpa México
Enrique Rébsamen No 406,
Col. Narvate, entre Xola y
Diagonal de San Antonio, C.P. 03020,
MÉXICO D.F., MÉXICO
Tél. : +01 (55) 56 39 61 86
www.tharpa.com/mx/

Brésil
Editorial Tharpa Brasil
Rua Artur de Azevedo 1360
Pinheiros,
05404-003 São Paulo – SP
BRÉSIL
Tél./Fax : +55 (11) 3476-2328
www.tharpa.com.br
info.br@tharpa.com.br

Asie
Tharpa Asia
1st Floor Causeway Tower, Alley 10,
16-22 Causeway Road,
Causeway Bay
HONG KONG
Tél. : +(852) 2507 2237
www.tharpa.com/hk-en/
info.asia@tharpa.com

Japon
KMC Tokyo
www.kadampa.jp
info@kadampa.jp

Afrique du Sud
26 Menston Rd., Dawncliffe,
Westville, 3629, KZN
REP. OF SOUTH AFRICA
Tél. : +27 (0)72 551 3429
Fax : +27 (0)86 513 3476
www.tharpa.com/za/
info.za@tharpa.com

Index

C

D

E

N

O

P

Q

R

S

T

U

V

Y